Zardo · Zwecker
Osterie Romane

TRATTORIA
PIZZERIA
ABBIGLIAMENTO
MERCERIA

Manuela Zardo
Hellmuth Zwecker

Osterie Romane

Essen und Trinken in Rom

Hugendubel

Die Deutsche Bibliothek – CIP-Einheitsaufnahme
Zardo, Manuela:
Osterie Romane: Essen und Trinken in Rom / Manuela Zardo;
Hellmuth Zwecker. – München: Hugendubel, 1995
ISBN 3-88034-818-9
NE: Zwecker, Hellmuth:

Umschlaggestaltung: Zembsch' Werkstatt, München
Produktion: Tillmann Roeder, München
Satz: Uhl + Massopust, Aalen
Reproduktion: Color Line, Verona
Druck und Bindung: Bosch Druck, Landshut
Printed in Germany

ISBN 3-88034-818-9

Inhalt

Einleitung 7
Die römische Küche 9

Die Osterie in Rom

Sora Lella 16
Checco er Carrettiere 22
Hostaria Fabrizio 30
Hostaria Costanza 38
Da Giovanni ar Galletto 44
Settimio 50
Otello alla Concordia 56
Osteria dell'Angelo 64
Perilli 70
Pommidoro 78

Fuori Porta – draußen vor den Toren der Stadt

Cacciani 86
La Briciola di Adriana 92
Lisa e Lisa 98
Ristorante Antiche Terme di Diana 104
Trattoria al Monumento 110

Roma, vale! 116

Römisches Küchenlexikon 118
Register der Rezepte 119
Adressen der Osterie 120
Literatur 122

Einleitung

Und noch schöner von heut' an seid mir gegrüsset, ihr Schenken,
Osterien, wie euch schicklich der Römer benennt;
Goethe, Römische Elegien, XV, 5–6

ROMA – der Name der geliebten Stadt spiegelt sich in AMOR, und schon die Alten sahen in diesem Anagramm einen Hinweis auf ihr Wesen. Feinde und enttäuschte Liebhaber der Urbis lasen und lesen ROMA dagegen als »amor inversus«, als verkehrte Liebe, Name einer riesigen, perversen und verkommenen Hure. Wie Odysseus fühlen sie sich selbst in den Armen einer Göttin nicht glücklich. Vielleicht kann ihnen geholfen werden.

Die Römer sind verschlossen, es dauert, bis sie sich öffnen. Was wie Rüpelei und Frechheit wirkt, ist oft nichts weiter als maskierte Schüchternheit. Nur in der Osteria, wo die Enge die Kontaktaufnahme erleichtert und der Wein die Zunge löst, taut der wahre Römer auf, zeigt seine ganze Menschlichkeit. In *vino veritas* ... Welcher Ort könnte sich für ein Volk, das viele Jahrhunderte von absolutistischen Regimen unterdrückt war, besser eignen, frei zu reden und sich mit bitterem Spott über alles und jeden ein Ventil zu schaffen?

Es war kein Zufall, daß sowohl die Päpste als auch später die Faschisten in den Osterie wahre Brutstätten von Kriminalität und Revoluzzertum erblickten. Mit immer neuen Gesetzen und Verordnungen wurden sie unter Druck gesetzt, hoch besteuert oder vorübergehend geschlossen, sobald sich ein entsprechender Vorwand finden ließ. Epidemien oder Schlägereien boten immer wieder Gelegenheit, dem Volk seine Versammlungsorte zu nehmen. Papst Leo XII. ordnete an, alle Osterie zu vergittern, so daß zwar die steuerzahlenden Wirte ihren Wein verkaufen konnten, die Leute aber gezwungen waren, diesen in den eigenen vier Wänden oder auf der Straße zu trinken. Damit zog sich der Papst den Haß der gesamten Bevölkerung zu, allen voran des sarkastischen Dichters Belli, der dem Heiligen Vater in einem Sonett den Tod an den Hals wünschte.

Die Osteria, oder Hostaria, wie man noch häufig in Rom liest, war also ein Refugium. Der Name ist abgeleitet vom lateinischen *hospes*, Gastfreund, Schützer des Gastrechts. Und Gastfreundschaft war schon immer eine römische Tugend. In den meisten Familien fanden Pilger aus aller Welt gegen geringes Entgelt einen Unterschlupf. Laut einem Chronisten gab es im Rom des Jahres 1450 nicht weniger als 1022 Osterie, und »alle Römer verwandelten sich in Hoteliers«, um die zwei Millionen Pilger zu beherbergen, die im »Heiligen Jahr« die Stadt überfluteten. Und noch im 19. Jahrhundert zählte man eine Osteria pro 126 Bewohner.

Damals wie heute sollten sich die Gäste wie zu Hause fühlen, als Teil des familiären Lebens. Den Gastgebern war jedes Mittel recht, bis hin zu Beschimpfungen und derben Worten, um niemals das Gefühl aufkommen zu lassen, nur ein durchreisender Fremder zu sein. Bis heute stehen die alten Wirte in dieser Tradition, sorgen ganz patriarchal sofort für einen sehr direkten Kontakt mit dem Gast und durchbrechen die Isolation. Sie sind die etwas weniger derben Nachfahren berüchtigter Gestalten wie Schizzetto, der sich neue Gäste vertraut machte, indem er lachend über sie einen Mund voll Wein ausprustete, oder des nicht minder berühmten Felicetto, der nie einen Gast allein trinken ließ, auch nicht zu Zeiten, in denen er längst an akuter Leberzirrhose litt.

Als Rom im Jahre 1870 die Hauptstadt des neuen vereinigten Italien wurde, veränderte sich nicht nur das Stadtbild, sondern auch die Gastronomie. Mit den Herrschern aus dem Piemont hielten neue Moden Einzug, und neben den Osterie eröffneten Restaurants französischer Prägung. Der Tourismus des 20. Jahrhunderts gab der heimischen Gastronomie dann den Rest, diese paßte sich dem Rhythmus der Touristen und ihren mitgebrachten Sitten und Unsitten an.

Doch noch hat sich Mamma Roma nicht ergeben. Einige Traditionen überleben, und in letzter Zeit verdichtet sich der Eindruck, als seien deren Qualitäten wieder verstärkt gefragt. Wer der Tradition vieler illustrer Vorgänger folgen will, von Goethe bis Gogol oder von Bayerns Ludwig I. bis Stendhal, wer in der Ewigen Stadt nicht nur Kunst und Geschichte, sondern auch authentischen Geschmack und wirkliches Leben sucht, für den gilt nach wie vor, was der italienische Schriftsteller Aldo Palazzeschi über die römische Osteria schreibt – sie war und ist der »Salon für den, der keinen Salon hat«, ein Ort, an dem menschliche Begegnungen möglich sind, und sei es nur für einige Stunden.

Die römische Küche

Von römischer Küche zu sprechen und damit die Speisen und deren Zubereitung im Rom der Antike zu meinen, mag manchem abwegig erscheinen, gibt uns die Archäologie doch nicht allzuviel Auskunft. Wir wissen von Gerätschaften, Geschirr und Vorratsbehältnissen, aber wie sollte das Vergänglichste der Geschichte, die Nahrung, überliefert sein?

Wir haben eine ganze Reihe von literarischen Beschreibungen römischer Gelage, von Horaz bis zum satirischen Sittengemälde »Satyricon« des Petronius, wissen, was dabei, oft in Unmengen, verzehrt wurde. Woraus im einzelnen die Speisefolgen bestanden haben oder wie sie zubereitet wurden – auch dazu haben wir eine lebhaft sprudelnde Informationsquelle. Es handelt sich um ein Kochbuch, als dessen Verfasser Marcus Gavius Apicius genannt wird, ein reicher Mann, der in der Regierungszeit des Kaisers Tiberius (14–37 n.Chr.) lebte und als großer Gourmet und Koch galt. Seine Schriften wurden noch in mittelalterlichen Klosterbibliotheken abgeschrieben und so sind die Rezepte auch heute noch bekannt. Sie nachzukochen bereitet allerdings einige Schwierigkeiten. So fehlt uns einer der wichtigsten Stoffe, genannt *liquamen* oder mit der klassischen griechischen Bezeichnung *garum*. Es handelt sich um eine scharfe Fischsauce, die aus unterschiedlichen Kräutern zusammen mit den verschiedensten Fischen oder Fischeingeweiden gewonnen wurde. Diese Zutaten wurden, mit Salz vermengt, lange der Sonne zum Gären ausgesetzt. Der durchdringende Geruch an den Produktionsstätten war berüchtigt. Zu den berühmtesten zählten Pompeji oder Neukarthargo und Barcinona an der spanischen Küste. In kleinen Amphoren verschickt, wurde *garum* im ganzen Imperium zu hohen Preisen gehandelt, sofern es sich um Qualitätsware handelte. Vor billigen Produkten hat man, wohl zu Recht, gewarnt, erstklassiges unverdünntes *garum* fand auch in der Medizin vielfältige Anwendung.

Apicius verwendete es in fast allen Rezepten, und wenn er *garum* angibt, dann wird nie Salz erwähnt. Man kann also davon ausgehen, daß die scharfe Sauce sehr salzig und würzig war, vielleicht manchen asiatischen Würzsaucen vergleichbar.

Eine andere Zutat ist heute wieder leicht zu bekommen, der Dinkel oder *farro*. Dieses ursprüngliche, widerstandsfähige Getreide war ein Grundnahrungsmittel. Seine Bedeutung kommt auch im *confarreatio* zum Ausdruck, einem Ritus, bei dem von allen Brautleuten zu ihrer Hochzeit dem capitolinischen Jupiter eine *torta di farro* geopfert wurde.

Auch der berühmte *puls* wurde aus *farro* gefertigt, der Mehlbrei, der das Hauptnahrungsmittel der armen Leute war, etwa wie die *polenta*, der Maisbrei, es nach der Entdeckung Amerikas wurde.

4000
2000
Marlboro

Auch auf andere Weise informiert uns Apicius über die römische Küche. Der Vergleich mit seinen Rezepten zeigt uns, daß viele Küchen rund um das Mittelmeer, die heute die Bezeichnungen »serbisch«, »griechisch«, »türkisch«, »libanesisch« oder allgemeiner »arabisch« tragen, durchweg große Ähnlichkeit mit der römischen Küche haben. Und diese hat wiederum viele ihrer Wurzeln im antiken Griechenland.

Viele Erinnerungen verstecken sich darüber hinaus in der Sprache. Wer denkt schon beim Bestellen einer Lasagne an *lasanum*, die Wachsschicht, mit der eine Modellfigur beschichtet wurde und in der alle Feinheiten ausgearbeitet waren, bevor man daraus die Bronzefigur goß. Schon Horaz bezeichnete einen Teig aus Mehl und Wasser, den die Etrusker ausrollten und daraus Teigstreifen schnitten, als *lagane*. Auch das heutige italienische Wort für Aubergine, *melanzana*, stammt aus dem Lateinischen. Man bezeichnete diese Frucht als *melum insanum*, ungesunder Apfel, weil sie scheinbar nicht gegessen werden konnte. Offensichtlich kannten nur die Juden das Geheimnis, daß man mit Salz die Bitterstoffe herauslösen kann, und überall dort, wo die jüdische Küche einen so wichtigen Einfluß hatte wie in Rom, kennt man Auberginengerichte.

Um über die römische Küche der letzten Jahrhunderte sprechen zu können, muß man sich mit verschiedenen Entwicklungslinien beschäftigen. Die jüdische

Tradition hatte einen nachhaltigen Einfluß. Noch heute findet man im Ghetto den Laden für koschere Produkte, wie Fleisch und Wurst geschächteter, d.h. nach dem Schlachten vollständig ausgebluteter Tiere, denn der Verzehr von Blut ist den Juden untersagt. Auch müssen die Schlachttiere gespaltene Klauen haben und wiederkäuen – Voraussetzungen, die Schweine nicht erfüllen und deshalb verboten sind. Das dritte Grundelement der koscheren Küche ist die strikte Trennung von Fleisch- und Milchspeisen, nachdem bei Moses steht: »Du sollst das Böcklein nicht in seiner Mutter Milch kochen.« Aus der jüdischen Küche Roms haben vor allem die *fritti* kulinarisch Karriere gemacht, die fritierten Artischocken, die fritierten Zucchiniblüten, gefüllt mit Mozzarella und Sardellen, und die Stockfischfilets, eine völlig überraschende Köstlichkeit, fritiert natürlich auch sie. Und dann ist da noch die Kunst der süßen Backwaren, die man bis heute im Ghetto beherrscht und die uns so schöne Dinge wie die klassische *torta di ricotta* geschenkt hat.

Fisch, den man auch in der hebräischen Küche häufig antrifft, ist in Rom allgegenwärtig. Das nahe Meer, der Fluß und die nahen Seen haben die Hauptstadt immer reichlich damit versorgt, doch seine Rolle in der traditionellen Küche ist eher gering, man hat ihn scheinbar nie so geliebt und kulinarisch gepflegt wie in den Küstenorten Anzio oder Civitavecchia.

Ganz anders dagegen die Tradition des »quinto quarto«, der Armeleuteküche, die vor allem in der Gegend um den Schlachthof am Testaccio ihre Wur-

SPEZZATO SPUNTATURA
DI ABBACCHIO
QUI·SI·VENDE
IL VERO
ABRUZZO
SPEZZATO SPUNTATURA
Al Kg 5990
ABBACCHIO FRESCO

zeln hat. Innereien sind hier die Protagonisten, ebenso das Fleisch von Kopf, Füßen und Schwanz, das »fünfte Viertel« eben, das in den feinen Haushalten nicht auf den Tisch kam. Die hart arbeitenden Handwerker, Tagelöhner und Marktfrauen waren dankbar für so schmackhafte Kraftspender. Selbst wenn das Fleisch schon einen leichten Hautgout gehabt haben sollte, half seit alters kräftiges Würzen. Was der römischen Küche der Antike das *garum*, das wurde in den letzten Jahrhunderten ein weiteres Mitbringsel aus der Neuen Welt, der *peperoncino*, auch als Chilipfefferschote bekannt. Dieses kleine Früchtchen hat es in sich. Es enthält neben seiner Schärfe so viel Vitamin C, daß man aus genau dieser Frucht erstmals 1933 das Wundervitamin extrahierte. Außerdem fördert es die Verdauung und hat deshalb gerade in schweren Mahlzeiten seinen angemessenen Platz.

Auch viele Gerichte der dritten Traditionslinie würzt man mit Peperoncino. Die bäuerliche Jahreszeitenküche des Umlandes, von wo man die frischen Produkte auf die Märkte der Stadt bringt, kennt eine Unzahl frischer Kräuter und Salate. Beim Fleisch dreht sich alles um *abbacchio*, das Lamm, das *a scottadito*, also zum Fingerverbrennen, zubereitet wird, *alla cacciatora* mit Weißwein und Essig, *brodettato*, mit Eiersauce, oder *al forno con patate*, im Ofen mit Kartoffeln. Überraschend sind Salatkreationen wie *puntarelle*, Zichoriensprossen mit Sardellen angemacht. Ihr Geschmack läßt an altrömisches *garum* denken.

Sora Lella

Die Osteria liegt an einem der ältesten und geschichtsträchtigsten Punkte Roms. Die Legende besagt, daß die Tiberinsel sich gebildet hat, als man im 6. Jahrhundert v. Chr. die etruskischen Könige aus der Sippe der Tarquinier aus Rom vertrieb und ihre riesigen Kornvorräte in den Tiber warf.

Eine zweite Legende spricht von einem schwerbeladenen Schiff, das an dieser Stelle versank und die Insel bildete. In republikanischer Zeit wurde diese Legende auch baulich manifestiert, indem man die Ufer der Insel wie einen Schiffskörper mauerte und in der Mitte einen Obelisken als Mast aufstellte.

Im 3. Jahrhundert v. Chr., während einer Pestepidemie, befragte man die sibyllinischen Bücher um Rat und erhielt

die Auflage, eine dem Gott Aesculap heilige Schlange von Epidaurus nach Rom zu bringen. Diese entwich laut Legende aus dem Schiff und schwamm zur Tiberinsel, was man als Wunsch des Gottes auslegte, ihm diese Insel zu weihen und hier einen Tempel zu errichten. Für die Römer war der Tiber seit archaischer Zeit durch den Flußgott Tiberinus personifiziert, einen Sohn des Gottes Janus. Er war der Bringer von Fruchtbarkeit und Überfluß, und der Pontifex Maximus, der Oberpriester der Stadt, betete ihn als Vater an. Nur er war in der Lage, den Fluß mit einer Brücke zu überwölben, ohne ihn dadurch in seiner Ruhe zu stören.

Daher trägt bis heute der Papst als »Oberpriester Roms« den Titel Pontifex Maximus, oberster Brückenbauer. Tatsächlich war der Fluß der Vater, das heißt der Ursprung Roms. An seinen Ufern hatten sich die verschiedensten Völker wie Etrusker, Umbrer, Sabiner und Latiner niedergelassen und über ihn hinweg begannen sie ihren Handel und kulturellen Austausch zu entwickeln.

Da bei den Aesculap-Heiligtümern auch Kranke behandelt wurden, entstand der Bezirk auf der Insel wohl eher aus dem Bedürfnis heraus, Träger von ansteckenden Krankheiten zu isolieren. Noch heute befindet sich auf der Insel eine Klinik, die seit dem 16. Jahrhundert zum Kloster der »Fatebene fratelli«, der Barmherzigen Brüder, gehört.

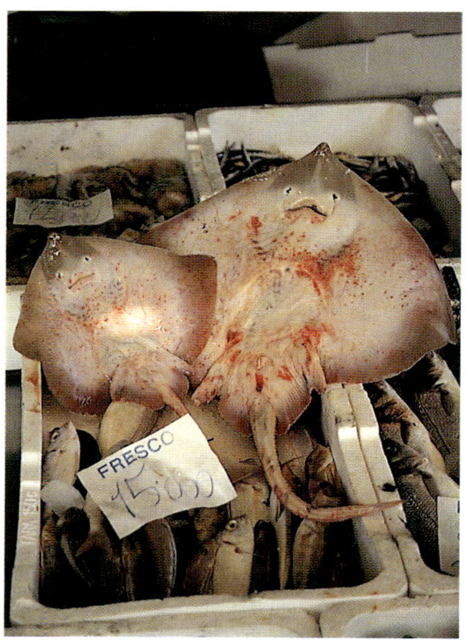

Beide Brücken, die die Insel mit dem Festland verbinden, stammen aus der Antike. Von der Stadtseite her führt der Ponte Fabricio (pons Fabricius) herüber, besonders schön durch den durchbrochenen Mittelpfeiler, der den Druck der Wassermassen bei Hochwasser mildert und so die älteste Brücke des römischen Stadtgebietes aus dem Jahr 62 v. Chr. bis heute überdauern ließ. Die zweite Brücke, der Ponte Cestio, der zu einem der alten Hafenbecken in Trastevere führte, stammt aus dem Todesjahr Cäsars, 44 v. Chr. Die Lage des ehemaligen Hafenbeckens entspricht der Piazza in Piscinula unterhalb der heutigen Uferstraße, wie man dem

Namen, der den Begriff *piscina* für Becken enthält, leicht entnehmen kann.

Auch die Wirte der Osteria Sora Lella, direkt an der Brücke des Fabricio gelegen, haben eine Rolle in der Geschichte der Stadt, zumindest in diesem Jahrhundert, gespielt. Aldo Trabalza, der heutige Padrone, ist der Sohn der von den Römern heißgeliebten Schauspielerin Lella Trabalza, die sie voller Respekt Sora (römisch für Signora) Lella nannten. Noch berühmter, auch weit über die Landesgrenzen hinaus, war ihr Bruder, der Schauspieler, Dichter und große »Romanist« Aldo Fabrizi. Weniger bekannt ist, daß zu seinem Nachlaß auch drei Kochbücher, in Form von Sonetten und römischem Dialekt geschrieben, gehören, die mit »Großmutter Suppe«, »Die Nudel« und »Großvater Brot« betitelt sind. Da Mutter und Onkel nicht mehr leben, ist es heute an Aldo, den alle Amleto nennen, beiden in der Küche und als Dichter Ehre zu machen.

Sani principi,	Einfaches Leben,
un bicchier di vino	ein Glas Wein,
fatto da un contadino	gemacht von einem Bäuerlein,
che davanti un fuoco,	das vor dem Feuerlicht,
sereno,	heiter,
parla del più e del meno.	über dies und jenes spricht.

Seine Liebe zur römischen Tradition verwirklicht Amleto jedoch am liebsten in der Küche. Er überdenkt alte Rezepte und versucht sie moderner, vor allem leichter, zu interpretieren. Man muß sein *abbacchio brodettato* probiert haben, einen zarten Lammbraten, der mit Rührei serviert wird, ein römisches Rezept par excellence, das immer seltener zu finden ist. Schon der Name *abbacchio* läßt an Schäfer und saftige Weiden in den sanften Hügellandschaften des Lazio denken. Diese römische Bezeichnung für Lamm leitet sich vom lateinischen *ad baculum* ab, wie der antike Autor Varrone berichtet und Amleto zu erklären weiß, womit der Pfosten gemeint ist, an den die jungen Lämmer gebunden

Abbacchio brodettato
Lammschulter mit Ei

Für 4 Personen

800 g Fleisch von der Lammschulter
4 EL Olivenöl extra vergine
1 kleine Zwiebel
1 Knoblauchzehe
Salz, Pfeffer
100 ml Weißwein
3 Eigelb
50 g geriebener Parmesan
Petersilie
Muskatnuß
Saft einer halben Zitrone

Das Fleisch vom Knochen lösen und in Stücke schneiden. In einer Pfanne mit Öl die kleingehackte Zwiebel und die zerdrückte Knoblauchzehe andünsten, das Fleisch gut anbraten, salzen, pfeffern, den Wein angießen und 15–20 Minuten auf kleiner Flamme köcheln lassen. Die Eigelbe mit Parmesan, etwas kleingehackter Petersilie, Salz, Pfeffer, Muskat und dem Zitronensaft verrühren, Pfanne vom Feuer nehmen, Eimasse mit der Bratensauce verrühren und mit dem Fleisch vermischen. Die Sauce soll dabei die Konsistenz eines sehr weichen Rühreies haben. Sofort auf vorgewärmten Tellern heiß servieren.

Pasta e broccoli in brodo d'arzilla
Nudel-Broccoli-Suppe mit Rochen

Für 4 Personen

800 g frischer Rochen
1 Bund Suppengrün
Salz
4 EL Olivenöl extra vergine
2 Knoblauchzehen
2 in Salz eingelegte Sardellenfilets
1 Peperoncino
4 geschälte Tomaten
400 g Broccoli
200 g Spaghetti

Den Fisch ausnehmen, reinigen und halbieren. Den Fisch mit dem Suppengrün in 2 Liter kaltes Wasser geben, salzen und zum Kochen bringen. 30 Minuten auf kleiner Flamme leise köcheln.
In einer Pfanne Öl erhitzen, die gehackten Knoblauchzehen leicht anbräunen, die Sardellen hinzufügen und sich auflösen lassen, die Pfefferschote zur Hälfte und die gewürfelten Tomaten hinzufügen und alles auf großer Flamme 5 Minuten aufkochen. Vom Feuer nehmen, die zerkleinerten Broccolistücke daruntermischen und 10 Minuten lang Geschmack annehmen lassen.
Mit dem Schaumlöffel den Fisch aus dem Kochwasser nehmen. (Die besten Fleischstücke kann man mit Öl und Zitrone anmachen, und sie als Hauptspeise servieren.) Ein Teil des Fischsuds wird nun über die Broccolistücke gesiebt und mit diesen 10 Minuten gekocht.
Schließlich werden die in kurze Stücke zerbrochenen Spaghetti, das restliche Fischfleisch und die restliche Brühe hinzugefügt und die Pasta darin al dente gekocht. Sehr heiß servieren.

wurden, sei es, damit sie sich beim Herumspringen nicht verletzten oder damit sie nur von bestimmten Gräsern und Kräutern fressen konnten, die dem Geschmack ihres Fleisches zugute kamen. Dieses Fleisch war in Rom so beliebt, daß es Zeiten gab, zu denen sich die päpstliche Regierung gezwungen sah, das Schlachten von Lämmern in den Wintermonaten zu verbieten, damit es zum Osterfest nicht zu Versorgungsengpässen und völlig überhöhten Preisen kam. Vom Lamm wird in Rom nach wie vor alles gegessen: Das Hirn bereitet man in flüssiger Butter zu, und aus den Innereien macht man die berühmte *coratella*, die vorzugsweise zusammen mit den leicht bitteren römischen Artischocken gegessen wird. Ebenso gilt der Kopf als besondere Spezialität.

Auch Fisch spielt in der römischen Küche eine wichtige Rolle, und wo in der Stadt würde man ihn lieber essen als bei Aldo, köstlich zubereitet und mit Blick auf den Tiber. Dessen Gewässer waren bis vor gar nicht langer Zeit noch unbelastet und fischreich. Einst zählte der humanistische Gelehrte Paolo Giovio im frühen 16. Jahrhundert 96 Fischarten, die man im Tiber fangen konnte. Unter ihnen waren auch Lachs und Stör keine Seltenheit. So konnte man einheimischen Kaviar noch zur Mitte des letzten Jahrhunderts in vielen Geschäften zu niedrigen Preisen finden. Der wichtigste Fischmarkt lag schon im antiken Rom am Portico di Ottavia, gleich jenseits der Brücke im späteren jüdischen Ghetto, dessen Lage noch heute an der großen Synagoge am Flußufer zu erkennen ist. Bis 1922, als man den Fischmarkt in die Via Ostiense verlegte, fand vor der Kirche *S. Angelo in*

Pescheria, die seit 770 in dem antiken Portikus untergebracht ist, der berühmte *cottio* statt, der Fischmarkt am Weihnachtstag. Er begann schon zu Mitternacht des Vortages und war Höhepunkt der vorweihnachtlichen Fastenzeit.

Die Süßwasserfische waren übrigens weit beliebter als ihre Artverwandten aus dem nahen Meer, die man über den Tiber aus dem nahen Ostia heranschaffte. In der Volksküche spielte auch der konservierte Fisch eine große Rolle. Den *tarantello*, die weniger wertvollen Teile des Thunfisches, die in Salz eingelegt waren, aß man in den Osterie zu Karneval, und den Stock- oder Klippfisch fand man das ganze Jahr hindurch auf der häuslichen Speisekarte, vor allem aber in der Fastenzeit und am Freitag, wie es die in diesen Dingen sehr wachsame Kirche verlangte.

Vor derartigem Hintergrund und in solcher Umgebung nimmt es nicht wunder, daß bei Amleto einige der typischen Fischgerichte mit zu den besten gehören. Seine *pasta e broccoli in brodo d'arzilla*, Nudel-Broccoli-Suppe mit frischem Rochen, nicht gegessen zu haben, wäre eine Unterlassungssünde – und wer möchte sich eine solche im päpstlichen Rom schon erlauben.

Baccalà in guazzetto
Stockfisch im Rohr

Für 4 Personen

800 g eingeweichter Stockfisch
3 EL Olivenöl extra vergine
3 mittelgroße Zwiebeln
350 g geschälte Tomaten
4 Blätter Basilikum
1 EL Pinienkerne
1 EL Sultaninen
½ Bund Petersilie

Den Fisch enthäuten und sorgfältig entgräten. In streichholzschachtelgroße Stücke schneiden und in einer Lage in eine feuerfeste Form legen. In einer Pfanne mit Öl und etwas Wasser die in Scheiben geschnittenen Zwiebeln glasig dünsten. Wenn die Zwiebeln gar sind und beginnen, Farbe anzunehmen, Tomaten, Basilikum, Pinienkerne und Sultaninen hinzugeben und einige Minuten auf lebhaftem Feuer kochen lassen. Inzwischen den Backofen auf 200 Grad vorheizen, den Pfanneninhalt über den Fisch gießen und für knapp 30 Minuten ins Rohr geben. Mit feingehackter Petersilie und einigen Pinienkernen überstreut servieren.

Checco er Carrettiere

Bis vor wenigen Jahren war Trastevere das ärmste Stadtviertel Roms, und die alten Leute des Quartiers behaupten noch heute, sie seien die einzigen legitimen Nachfolger der alten Römer. Sich selbst bezeichnen sie als *noantri* (wir anderen), nachdem in ihren Augen ganz Rest-Rom total überfremdet ist. Ein Trasteverianer, der etwa über den Ponte Sisto auf die andere Flußseite geht, verabschiedet sich auch deshalb bis heute mit der Bemerkung: »Ich gehe nach Rom«.

Tatsächlich wohnte hier immer die Plebs, die Marktweiber und Fischer, die Huren und Diebe, die kleinen Handwerker, die Hungerleider und Überlebenskünstler, freigelassene Sklaven, Tagelöhner und Juden, aber auch Händler und Kaufleute aller Art aus allen Weltgegenden. Seit seinen Ursprüngen weist das am Tiber gelegene Hafenviertel Trastevere große Widersprüche und soziale Unterschiede auf. Wohl deshalb hat Papst Gregor der Große, der aus diesem Viertel stammte, der Basilika S. Maria in Trastevere als »Station« in der Fastenprozession das Gleichnis vom reichen Mann und dem armen Lazarus zugewiesen.

Zur Zeit des Augustus lebten etwa 40.000 Juden in Trastevere. Diese unterhielten lebhafte Verbindung mit ihrer Heimat, und laut Apostelgeschichte waren einige von ihnen beim Pfingstwunder anwesend. Es ist mehr als wahrscheinlich, daß unter den jüdischen Müllern, Wein-, Öl-, Getreide- und Marmorhändlern im Hafenviertel die früheste christliche Gemeinde entstand.

S. Maria in Trastevere war der erste römisch-christliche Kultraum überhaupt. Der Überlieferung nach soll der heilige Calixtus ihn um 220 gegründet haben. Vollendet wurde die Kirche jedoch erst nach dem Mailänder Edikt 313, mit dem das Christentum toleriert wurde. Der heutige Bau geht auf die Zeit Innozenz II. (1130–43) zurück und wurde seither mehrfach restauriert.

Das in das Wappen der Basilika eingeschriebene »Fons Olei« weist auf die Ölquelle hin, die hier 37 v. Chr. einen Tag lang

sprudelte und von den Juden im Viertel als wunderbare Ankündigung der Geburt des Messias verstanden wurde.

Tatsächlich ist das Phänomen dieses bescheidenen Ausbruchs von Erdöl vulkanisch zu erklären, nachdem auch in den Berichten der typische scharfe Begleitgeruch erwähnt wird. Nach dem Erdenleben Jesu übernahmen die Christen die jüdische Interpretation.

Der Übergang vom Juden- zum Christentum ging natürlich nicht schmerzlos vonstatten. Die Juden sahen ihre Identität als Gruppe durch den neuen Glauben bedroht, und die römischen Chroniken berichten von Tumulten unter den Hebräern. Die Unruhen führten so weit, daß Kaiser Claudius 50 n. Chr. alle Juden aus Rom auswies. Kurz darauf ließ man sie jedoch zurückkehren, da sie für das Leben der Stadt zu wichtig waren und durch ihre Abwesenheit Schwierigkeiten im Handel auftraten.

In der langen Zeit von der Antike bis vor wenigen Jahren hatte sich in Trastevere nicht allzuviel geändert. Hier lebten stets die kleinen Leute, denen auch Dichter unseres Jahrhunderts wie Belli und Trilussa nur »aufs Maul« zu schauen brauchten, um ihre satirischen Verse voller Wortwitz und Lebenslust zu schreiben. Viele klassisch jüdischen Gerichte haben sich in ihrer Küche erhalten, und die typischen *fritti*, zumeist fritiertes Gemüse zur Vorspeise, ißt man bis heute nirgends so gut wie hier. Leider gibt es die Garantie nicht mehr, überall in den noch immer malerischen Gassen mit ihren alten Kneipen und Wirtshäusern wirklich so gut zu tafeln, wie man es in Trilussas lebensnahen Beschreibungen lesen kann.

Viele der brühmten Osterie haben noch in den Jahren der *dolce vita* den Stoff für die Klatschspalten der Hauptstadtpresse geliefert. Heute dienen ihre alten Namen nur noch als Touristenmagnet, billig verkauft von den Söhnen der Wirte, die Stammgäste wie Federico Fellini zu ihren Freunden zählten.

Spaghetti alla carrettiera
Spaghetti mit Thunfisch und Steinpilzen

Für 4 Personen

400 g Spaghetti
2 Knoblauchzehen
1 Peperoncino
3 EL Olivenöl extra vergine
100 g Bauchfleisch vom frischen Thunfisch
(ersatzweise Thunfisch aus der Dose)
50 g getrocknete Steinpilze, in warmem Wasser eingeweicht
250 g geschälte Tomaten
grobes Meersalz

Knoblauch und Peperoncino grob hacken und in Öl leicht anbräunen. Das Thunfischfleisch hinzufügen und einige Minuten kochen lassen. Die Pilze und etwas von ihrem Wasser hinzufügen. Köcheln lassen und nach etwa 15 Minuten die Tomaten hinzufügen. Weitere 20 Minuten kochen lassen (Dosenthunfisch erst am Ende hinzufügen und nur aufwärmen). Die zwischenzeitlich in reichlich Salzwasser al dente gekochten Spaghetti unter die Sauce mischen und servieren.

Frittata di patate
Kartoffel-Tomaten-Püree

1 kg mehlige Kartoffeln
1 große weiße Zwiebel
4 EL Olivenöl extra vergine
100 ml trockener Weißwein
500 g geschälte Tomaten
1 Peperoncino
Salz, Pfeffer aus der Mühle

Die fein gehackte Zwiebel im Öl anbräunen. Wein und Tomaten hinzufügen und mit dem Peperoncino, Salz und Pfeffer gut würzen und etwa 30 Minuten köcheln lassen. Unterdessen die Kartoffeln kochen, schälen und zerdrücken. Noch heiß mit der passierten Tomatensauce gut vermischen. Lauwarm als Beilage oder kalt als Vorspeise servieren.

Das gilt für fast alle bis auf eine: Checco er Carrettiere, berühmte und alte *osteria romanesca*, die man skeptisch betreten mag, aber begeistert verläßt. Sofort fühlt man sich in der rechten Umgebung, warmherzig und menschlich. An den Wänden hängen Hunderte von Fotos, meist schwarzweiß und datiert ab den vierziger Jahren, mit mehr oder weniger illustren Gästen des Lokals. Stefania, die Enkelin des gefeierten Checco, hat davon ein Archiv angelegt, denn es kommt, wie sie erzählt, noch heute häufig vor, daß ein Gast einen Verwandten wiedererkennt und natürlich einen Abzug mit nach Hause nehmen möchte.

Und einige der Fotos zeigen auch ihn, Checco, getauft auf den Namen Francesco Porcelli, wie er mit seinem Karren den Wein aus den Castelli Romani transportiert, einem berühmten Anbaugebiet in den Hügeln südöstlich der Stadt. Es war immer ein Fest, wenn er in Rom ankam, auf seinem bunten Gefährt und mit dem gutmütig-spöttischen Gesicht eines echten Trasteverianers. 1934 übernahm er mit den Räumen, die noch heute zum Lokal gehören, eine verrufene Kneipe mit dem bezeichnenden Namen »Burino«, was auf römisch soviel wie »schlecht erzogen« bedeutet. Neben reichlich Wein gab es auch bald Kleinigkeiten zu essen, ebenso römisch und derb, zubereitet von Frau und Sohn.

Und dieser, Pippo, betreibt das Etablissement noch heute, zusammen mit seiner Frau und seinen vier Töchtern. Dem Vater ähnelt er nicht nur äußerlich, auch die diesem nachgesagte Großzügigkeit und spontane Herzlichkeit findet sich bei ihm wieder. Er setzt auch die väterliche Gewohnheit fort, Weine in den Castelli Romani auszusuchen und die besten seinen Gästen aufzutischen, wie den Weißwein von Monte Porzio Catone, der so gut zum frischen Fisch zu trinken ist, oder den Cannellino, den er als *frizzante* zum Dessert serviert.

Auch eine andere Tradition hat noch Bestand, das Absingen »häßlicher Lieder«, der *stornelli romani*. Deren krasse Wortwahl versteckt sich hinter unverständlichem Dialekt und der tiefen samtigen Stimme von Barbara, die fast allabendlich auftaucht.

Aber nicht nur diese Überbleibsel echter Folklore lohnen den Besuch der Osteria. Vielmehr ist es die Begeisterung, mit der in der Küche die Tradition bewahrt wird. »Wir laufen keiner Mode hinterher«, versichert Stefania. »Die Gerichte sind die gleichen wie schon immer. Natürlich kochen wir sie heute leichter, schließlich hat sich ja auch unser Leben etwas erleichtert. Als Fett verwenden wir nur noch Olivenöl, *extra*

Fiori di zucchini fritti
Gefüllte Zucchiniblüten fritiert

Für 4 Personen

12 Zucchiniblüten
150 g Mozzarella
12 Sardellenfilets
100 g Mehl
Salz
1 TL Olivenöl extra vergine
1/2 l Öl zum Fritieren

Blütenstempel herausnehmen und Blüten vorsichtig unter fließendem Wasser waschen und auf Küchenpapier trocknen. Jede Blüte mit einem Stückchen Mozzarella und einem Sardellenfilet füllen. Einen flüssigen Teig aus Mehl, Salz, einem Teelöffel Olivenöl und Wasser rühren. Der Teig muß schön flüssig sein. Die Blüten eintunken und kurz in sehr heißem Öl fritieren und sofort servieren.

vergine selbstredend, und kümmern uns sehr um die Zutaten, die immer die frischesten und besten sein müssen.«

Am Vormittag sitzen im Lokal alle vereint, Familie, Köche und Kellner, putzen Salat oder Pilze, schälen Kartoffeln oder schuppen die Fische. Ein Bild wie aus vergangenen Tagen, das an den Genuß der ganz einfachen Dinge erinnert. An die sogenannte *frittata di patate* etwa, aus ausgesucht mehligen Kartoffeln, die zusammen mit nicht zu säuerlichen Tomaten und süßen gedünsteten Zwiebeln eine verblüffend einfache, aber köstliche Vorspeise ergeben. Bei Checco gibt es dieses volkstümliche Gericht seit sechzig Jahren, und Stefania kann ihm bis heute nicht widerstehen.

Ebenso simpel und gut die *spaghetti alla carrettiera* mit Thunfisch und getrockneten Steinpilzen. Der Fisch muß natürlich frisch sein, dafür garantiert die tägliche Belieferung durch einen Fischhändler aus dem nahen Hafen von Fiumicino.

Die Süßspeisen bereitet Laura zu, auch eine der Schwestern Porcinari. Kuchen, einfaches trockenes Gebäck und Eis kommen täglich frisch aus ihrem Laboratorium, natürlich auch die hausgemachten Nudeln wie *fettuccine*, *agnolotti* oder *cannelloni*.

In einer guten römischen Osteria auf Prominenz zu stoßen, ist eher der Normalfall als die Ausnahme. Bei Checco kann man davon ausgehen, daß der Tischnachbar Träger eines bekannten Namens ist und die scheinbare Vertrautheit der Gesichtszüge nicht auf einer Verwechslung beruht. Damit erübrigt sich weiteres Gaffen, und man kann sich in aller

Entspanntheit seinem Teller zuwenden. Gesprochen wird nur über Gäste aus vergangenen Tagen, wie etwa den römischen Mundartdichter Trilussa, einen echten Trasteverianer, der sein Lebtag immer nur einige Häuser weiter gewohnt hat. Nach seinem Tod 1947 hat man den Platz zwischen Checco und Tiber nach ihm benannt und ihm dort ein Denkmal errichtet.

Eines Tages verlangte Trilussa von Checco, bei dem er fast täglich verkehrte, ein spezielles Glas für seinen Wein und geriet dabei mit dem Wirt, der für derartige Sperenzchen wenig übrig hatte, in eine heftige Diskussion. Diese endete so unerfreulich, daß der Dichter lauthals schwor, niemals mehr einen Fuß in dieses Lokal zu setzen. Leichter gesagt als getan. Der Wein war nirgends mit dem von Checco vergleichbar. Also hielt Trilussa eines Tages mit seiner Kutsche vor dem Lokal und bat Checco, ihm hier draußen ein Glas Wein zu servieren. Dieser lud ihn ein, hinten im Hof Platz zu nehmen. So war die alte Freundschaft gerettet, und im Innenhof am plätschernden Brunnen kann man bis heute die schönsten römischen Sommernächte verbringen. Wie gesagt, über aktuelle Prominenz spricht man hier nicht. Auffällig war aber, daß Silvio Berlusconi, als er noch Ministerpräsident war, ein lateinisches Zitat benutzte, um Rücktrittsgerüchten entgegenzutreten und sein Verhältnis zur frisch erworbenen Macht zu beschreiben – »hic manebimus optime«, was soviel bedeutet wie: »Hier verweilen wir mit Vergnügen.« Da es nun bekanntlich mit der klassischen Bildung des Medientycoons und Baulöwen nicht allzuweit her ist, drängt sich der starke Verdacht auf, daß selbiger sich das Sprüchlein während eines Besuches bei Checco einprägte. Denn hier prangt dieses berechtigterweise über der Tür. Ebenso findet man folgendes passende Zitat von Horaz – »Bibe et ribibe nec morieris« – solange einer trinkt, stirbt er nicht. Es bleibt abzuwarten, ob auch diese lebensweisen Worte demnächst zur Illustration italienischer Regierungskunst Verwendung finden werden.

Carciofi alla giudia
Artischocken auf jüdische Art

Für 4 Personen

4 zarte junge Artischocken
Saft einer Zitrone
½ l Öl zum Fritieren
Salz, Pfeffer

Die äußeren harten Blätter der Artischocken entfernen, den Stiel auf ungefähr 5 Zentimeter kürzen und schälen. In Wasser mit dem Zitronensaft waschen und auf Küchenpapier trocknen. Am Stiel fassen und mit dem Kopf nach unten fest auf die Arbeitsunterlage stoßen, damit die Blätter sich nach außen öffnen.
Öl gut erhitzen. Die Artischocken fritieren, eventuell mit einer Gabel drehen. Wenn der Boden weich ist, die Artischocken mit dem Kopf nach unten mit der Gabel ins Öl halten und die Temperatur erhöhen. Wenn die Blätter schön knusprig sind, herausnehmen, auf Küchenpapier abtropfen lassen, salzen, pfeffern und servieren.

FARMACIA
DA GILDO

Hostaria Fabrizio

Der nördliche Teil von Trastevere, in der Gegend um die Piazza Trilussa, den botanischen Garten und die Villa Corsini, ist der vom Tourismus am wenigsten besuchte Teil des uralten Stadtviertels jenseits des Tibers, in dem sich seit einigen Jahren die Jungen und Schönen aus Rom und dem Rest der Welt des Abends lautstark tummeln. Hierher, in die Gegend um die Porta Settimiana, kommt man tagsüber in erster Linie wegen der Kunst, wegen der Collezione di Arte Antica in der prachtvollen Villa der mächtigen Familie Corsini aus Florenz, oder wegen des architektonischen Juwels der Frührenaissance, der Villa Farnesina, die sich der

Bankier des Papstes, der aus Siena stammende Agostino Chigi, am Flußufer von Baldassare Peruzzi 1508–11 erbauen ließ. In ihr hat Raffael seine gefeierten Fresken hinterlassen, Galatea, die leichtsinnige Nymphe, die über die Liebe des Riesen Polyphem spottet und in der Loggia die poetische Geschichte von Amor und Psyche. Sodoma hat mit seiner »Hochzeit Alexanders mit Roxane« die vielleicht schönste Schlafzimmermalerei der Kunstgeschichte ausgeführt und Peruzzi, neben wunderbaren Perspektiven mit zeitgenössischen Stadtveduten von Rom, ein neuerdings wieder stärker beachtetes gemaltes Horoskop des Erbauers.

Heute ist die Farnesina Sitz der Accademia dei Lincei, ein 1603 gegründeter unabhängiger, intellektueller Club, dem auch Galileo Galilei angehörte. Die Mitglieder pflegen den Informations- und Gedankenaustausch über philosophische, künstlerische, literarische oder wissenschaftliche Fragen. Ihr Namensgeber und Wappentier ist der immer hellwache Luchs und ihre vornehmste Aufgabe, sich gegenseitig gegen die, damals wie oft noch heute, intellektfeindlichen Autoritäten zu unterstützen.

Auch in kulinarischer Hinsicht wurde in dieser Villa Geschichte gemacht. Zu den berühmten üppigen Gelagen des reichen Chigi erschien alles, was im damaligen Rom Rang und Namen hatte. Am 30. April 1518 finden wir auf der Gästeliste keinen Geringeren als den allen Sinnes- und Gaumenfreuden sehr zugeneigten Papst Leo X. aus dem Hause Medici nebst 14 Kardinälen und allerlei nachgeordneten Chargen. Das Fest fand wegen der Größe der Gesellschaft in den umfunktionierten Pferdeställen statt. Die Futtertröge waren mit Brokatstoffen bedeckt und die Böden mit flandrischen Teppichen ausgelegt. Es wurden derartig viele und ausgefallene Speisen aufgetragen, daß sich der Papst, überwältigt von soviel Gastfreundschaft, mit folgenden Worten des Kaisers Augustus an den Hausherrn wandte: »Und ich, Agostino, glaubte, dir anverwandt zu sein.« Mit diesem Zitat gelang es ihm einerseits seiner Bewunderung

über die aufgetischten Köstlichkeiten Ausdruck zu geben, sich aber auch gleichzeitig kritisch danach zu erkundigen, warum er denn im Hause des Freundes nicht wie ein einfacher Gast, ja wie ein Familienmitglied behandelt wurde, mit einer Art von natürlicher Gastfreundschaft, wie sie noch heute jedem Römer am allerliebsten ist. Der Bankier, der, obwohl nicht aus Rom stammend, den hintersinnigen Satz sehr wohl zu deuten wußte, ließ umgehend alle wertvollen Stoffe entfernen und führte dem hohen Gast den »familiären« Rahmen vor Augen, in dem man nur einen sehr engen Freund bewirten konnte.

Die Villa Farnesina wurde ebenso durch eine Eigenart berühmt, die später auch in venezianischen Palästen Nach-

ahmung fand. Um seinen Reichtum zu demonstrieren, forderte der Finanzier des Kirchenstaates seine Gäste nach dem Essen dazu auf, die wertvollen silbernen Teller und Bestecke aus dem Fenster in den vorbeifließenden Fluß zu werfen. Die Gäste, tief beeindruckt, wußten natürlich nichts von den Netzen, die man vorsorglich unter der Wasseroberfläche gespannt hatte und die den Verlust in erträglichen Grenzen hielten. Auch mit der Auswahl der Speisen wußte Chigi zu überraschen. Sie kamen aus allen Gegenden der damals bekannten Welt, denn für die Beschaffung sorgten die Agenten und Boten seines international agierenden Bankenimperiums.

Solch legendärer Reichtum lockte natürlich auch die künstlerische Elite der Zeit in Chigis Nähe. Einige erhielten lukrative Aufträge zur Ausgestaltung der Villa. Der berühmteste, Raffael, verliebte sich in der Zeit, als er an seiner Nymphe Galatea arbeitete, in die schöne, als »Fornarina« berühmt gewordene Tochter des Bäckers beim alten Stadttor, unweit der Villa. Die Geschichte endete für den Maler fatal, wenn man einem zeitgenössischen Chronisten Glauben schenkt. Dieser berichtet, daß der geniale Maler wegen »amouröser Exzesse« schon mit 37 Jahren aus dem Leben

schied. Wahr ist in jedem Fall die Überlieferung, daß der schöne Künstler sich regelmäßig bei einem guten Gläschen Wein im Garten seiner Geliebten von der anstrengenden Arbeit an den Fresken erholte. Diese Pausen zogen sich gelegentlich in die Länge. Auch Peruzzi, der Malerfreund und Architekt, der gerade im selben Raum der Villa arbeitete, verbrachte den Mittag lieber im Schatten eines Baumes als auf dem Gerüst. So traf Michelangelo, der 1511 mit den letzten Figuren an der Decke der Sixtina drüben im Vatikan beschäftigt war und eines schönen Sommertages nachsehen wollte, wie die Arbeit bei der Konkurrenz voranging, auch keinen der beiden in der Farnesina an. Peruzzi hatte allerdings den Putzuntergrund für ein Fresko in einer Lünette des Saales schon vorbereitet. Kurzentschlossen ergriff Michelangelo die Zeichenkohle und hinterließ seine »Visitenkarte«, indem er in den frischen Putz die Zeichnung eines Knaben- oder Engelkopfes setzte, die sich bis heute unverändert erhalten hat.

Buonarroti selbst hat sich nie zu sehr mit den Freuden einer guten Tafel aufgehalten. Aus den Einkaufszetteln, die er für seine Köchin mehr zeichnete als schrieb, da sie nicht so recht lesen konnte, geht hervor, mit wie wenig er sich zufrieden

Tagliolini con i funghi porcini e i gamberetti

Feine Bandnudeln mit Steinpilzen und Crevetten

Für 4 Personen

400 g Bandnudeln
2 mittelgroße Steinpilze
200 g Crevetten
1 Zwiebel
1 Knoblauchzehe
1 Peperoncino
3 EL Olivenöl extra vergine
2 Blätter Minze

In einer Pfanne die feingehackte Zwiebel mit der ganzen Knoblauchzehe und dem Peperoncino im Öl dünsten. Die Steinpilze putzen und den Fuß und die Kappe getrennt in kleine Stücke schneiden. Zu der glasigen Zwiebel die kleingerupfte Minze und die härteren Pilzstücke vom Fuß zuerst dazugeben, dünsten. Wenn diese halb gar sind, Knoblauch und Peperoncino entfernen, die restlichen Pilzstücke und die ausgelösten Crevetten hinzufügen und zugedeckt einige Minuten kochen.
Die inzwischen al dente gekochten Bandnudeln abgießen, in der Pfanne wenden und servieren.

gab. Oft genügte ihm trocken Brot mit einer Sardine und »un bochal di vino«.

Das Haus der schönen Fornarina steht noch heute in der Nähe der Porta Settimiana. Es beherbergt ein Restaurant, das hauptsächlich von Amerikanern besucht wird, die weniger wegen der Küche als wegen der romantischen Liebesgeschichte hierher finden. Wir empfehlen deshalb, gleich gegenüber bei Fabrizio einzukehren, wo eine genuine Küche und eine herzliche Atmosphäre den Besuch so angenehm machen. Schon am Eingang macht ein Buffet, vollbeladen mit allerlei *antipasti*, mächtig Appetit. Daneben liegt gut abgehangenes Fleisch, das Fabrizio selbst über einem offenen Feuer zubereitet.

Das Lokal haben Fabrizios Eltern 1958 eröffnet, und er selbst, der zwischen Tellern und Töpfen aufgewachsen ist, betreibt es mit großer Hingabe. Er kocht nach wie vor einige Gerichte seiner Mutter, wie die *rigatoni alla carcerata*, Nudeln mit Käse, Pilzen und schwarzen Trüffeln, Gaumenfreuden, von denen die Insassen des nahen Gefängnisses Carcere di Regina Coeli, das dem Gericht seinen Namen gab, nur träumen können.

Fabrizio pflegt bewußt die römische Küchentradition, und seine große Liebe gehört den frischen Wassertierchen. Mit ihnen erfindet er gern neue Gerichte, häufig in Verbindung mit Gemüse. Unbedingt probieren sollte man seine *fusilli con i broccoletti e le vongole veraci*, spiralenförmigen Nudeln mit Rübensprossen und großen Venusmuscheln. Das gleiche gilt für *tagliolini con i funghi porcini e i gamberetti*, feine Bandnudeln mit Steinpilzen und Crevetten – eine kleine

Offenbarung. Und da man auf seiner Weinkarte nicht nur Gewächse aus der nächsten Umgebung findet, folgt man gern Fabrizios Empfehlungen und trinkt dazu einen Chardonnay des jungen friulanischen Winzers Vicentini Orgnani. An den Wänden hängen eingerahmt beschriftete und bemalte Servietten illustrer Gäste, von berühmten Schauspielern bis zu kompletten englischen Pop-Gruppen. Auch das erinnert an eine alte Gewohnheit in römischen Osterie, wo die Gäste ihre Mundtücher mit Namen kennzeichneten, die man dann für sie aufhob bis zum nächsten Besuch, damit sich jeder ganz wie zu Hause fühlen konnte.

Carciofi alla romana

Artischocken auf römische Art

Für 4 Personen

8 kleine zarte Artischocken
Saft einer Zitrone
2 Knoblauchzehen
8 Blätter Minze
Petersilie
4 EL Olivenöl extra vergine
Salz, Pfeffer

Die äußeren harten Blätter der Artischocken entfernen, Stiel auf 3 Zentimeter kürzen. In Wasser mit Zitronensaft waschen. Die Blätter um die Hälfte kürzen und mit einem Teelöffel das Heu aus der Mitte entfernen. Den Hohlraum mit feingehacktem Knoblauch, Minze und Petersilie, gut gesalzen und gepfeffert und mit 1 Eßlöffel Öl vermischt, ausstreichen. In einen irdenen Topf die Artischokken mit dem Kopf nach unten eng zusammenstellen. Mit Öl beträufeln und 6 Eßlöffel Wasser dazugeben. Zugedeckt bei mittlerer Hitze ungefähr 40 Minuten garen.

CINEMA
UOVA

Hostaria Costanza

Die Gegend um den Campo dei Fiori war schon immer bekannt für ihre Osterie. Nach der Rückkehr der Päpste aus dem Exil von Avignon 1377 setzte bald der Zug der Pilger nach Rom ein. Die nach ihnen benannte Via del Pellegrino führt noch heute vom Platz in Richtung Vatikan. Es reihte sich bald Gasthaus an Gasthaus. In der Zeit zwischen 1400 und 1600 waren es 40 allein in den Häusern, die direkt an den Campo grenzten. Das berühmteste von allen war »alla Vacca«, geführt von Vanozza Catanei, der Geliebten des Rodrigo Borgia aus Valencia, dem späteren Papst Alexander VI., Mutter der vom Vater vergötterten Lucrezia Borgia und des berüchtigten Cesare.

Berühmt wurde der Platz im Zentrum der römischen Altstadt, der einzige ohne Kirche oder adeligen Palast, auch als Hinrichtungsort für Häretiker. Daran erinnert die Bronzestatue, die man dem Philosophen Giordano Bruno dort, nach dem Fall des Kirchenstaates, errichtet hat. In einer kalten Februarnacht des Jahres 1600 fand Bruno an dieser Stelle »das Ende eines gebratenen Lamms«, wie es der römische Satiriker Trilussa sehr drastisch ausdrückte, »la fine de l'abbacchio ar forno«.

Ursprünglich war der Campo dei Fiori wahrscheinlich der Vorplatz des Theaters, das Pompejus ab 61 v. Chr. erbauen ließ. Es war das erste fest gemauerte Theater der Stadt und von riesigen Ausmaßen. Allein der Zuschauerraum hatte einen Durchmesser von etwa 150 Metern, und 20.000 Besucher fanden darin Platz. Es blieb bis Ende des 6. Jahrhunderts n. Chr. in Betrieb, und erst die starke Urbanisierung im 15. Jahrhundert verwischte alle Spuren, so daß man das Theater bis ins 19. Jahrhundert vergaß. Noch heute folgen die Häuser der Via di Grotta Pinta genau der gebogenen Innenseite der ehemaligen Zuschauertribüne, und die Via del Biscione und die Piazza Pollarola markieren das äußere Halbrund. In zahlreichen Kellern in der Gegend sind Wände mit *opus reticulatum* zu sehen, dem netzförmigen regelmäßigen Schalungsmauerwerk, einer wesentlichen

Neuerung in der römischen Bautechnik, für die das Pompejustheater eines der frühesten Beispiele darstellt.

Schon früh im Mittelalter haben in diesen Gewölben der verfallenden antiken Bauten Lager, Werkstätten aber auch einfache Wirtshäuser ihren Platz gefunden, wie heute die Hostaria Costanza an der Piazza Paradiso. Das Privileg zwischen alten römischen Mauern zu speisen kann man in drei unterschiedlichen Räumen genießen. Sie wurden aus der teilweise eingestürzten Zuschauertribüne ausgegraben. Heute ißt man hier bei Kerzenlicht oder im Schein des Kaminfeuers. Bei Paride Di Giovanni, dem Hausherrn, fühlen sich die vielen Freiberufler wohl, die in den letzten Jahren in diese volkstümliche Gegend gezogen sind, aber auch die Angestellten und Besucher zahlreicher Botschaften wie beispielsweise der Deutschen. Stolz ist Paride darauf, daß Richard von Weizsäcker schon sein Gast war, aber auch Helmut Berger fällt ihm ein, wenn man nach Landsleuten fragt.

Paride stammt, wie viele Wirte in Rom, aus den Abruzzen. Er hat das Lokal 1979 eröffnet und verleugnet auch in der

Küche seine Herkunft nicht, die man an den *antipasti rustici*, den *cavatelli* oder den *gnocchi abruzzesi al tegamino* ebenso ablesen kann wie an Traditionsgerichten, die *porcello arrosto* oder *capretto a scottadito* heißen. Er ist ein Wirt mit einer äußerst eigenartigen Geschichte. Nach Rom kam er nicht als Fachmann für leibliche Genüsse, sondern als Mann der Kirche. Zehn lange Jahre war er Fra' Alessandro, ein Kapuzinerpater. Auf diesen Namen hat er später am schwersten verzichtet, hat wenigstens seinen Sohn so genannt. Nach der Novizenzeit und den theologischen Studien wurde ihm klar, daß er in die falsche Richtung lief. Nicht der verlangte Gehorsam oder das Armutsgebot machten ihm Kummer, es war die Enthaltsamkeit, an der er scheiterte. Zusammen mit

Cavatelli con funghi porcini e vongole
Teigwaren mit Steinpilzen und Venusmuscheln

Für 4 Personen

200 g frische Steinpilze
300 g Muscheln
300 g Hartweizenmehl
Salz
3 EL Olivenöl extra vergine
2 Knoblauchzehen
1 Peperoncino
300 g Muscheln

Die *cavatelli* macht man aus Mehl, Wasser und einer Prise Salz. Einen festen Teig kneten und mit der Hand Teigwürste von ½ Zentimeter Dicke rollen. In 3–4 Zentimeter lange Stücke schneiden und längs in der Mitte eindrücken. Traditionell verwendet man dazu in Rom eine gebogene Schusternadel. Die *cavatelli* verdrehen sich etwas beim Trocknen. In einer Pfanne mit Öl Knoblauch und Peperoncino erhitzen, die geschnittenen Pilze hinzufügen und auf kleiner Flamme köcheln lassen.
In eine andere Pfanne mit etwas Öl die Muscheln geben und auf lebhaftem Feuer sich öffnen lassen. Das Muschelfleisch herausnehmen und zusammen mit der gesiebten Flüssigkeit zu den fertig gekochten Pilzen geben.
Inzwischen die *cavatelli* kochen, abgießen und unter die Sauce mischen. Servieren.

einem Freund, einem ehemaligen Militär, dem das ewige Gehorchen gegen den Strich gegangen war, und nach einer wundersamen Wandlung vom Asketen zum Schleckermaul, entdeckte er seine Berufung zum Gastronom. »Es ist besser, ein anständiger Mensch als ein schlechter Priester zu sein«, ist heute seine Devise, denn seinen Glauben hat er nicht verloren, und sein Verhältnis zur Kirche hat sich auch wieder gebessert. Das beweisen die auffallend vielen Mitglieder der Kurie, die sich seine deftigen Köstlichkeiten auftragen lassen. Ihnen ist offensichtlich ein guter Wirt um vieles lieber als ein halbherziger Priester.

Zabaione con mirtilli e limone
Zabaione mit Heidelbeeren und Zitrone

Für 4 Personen

150 g Heidelbeeren
Saft einer Zitrone
3 Eigelb
300 g Mascarpone (italienischer Frischkäse)
3 EL Zucker
Zimt
¼ l Milch
20 ml Whisky
100 g Löffelbiskuit

Die Heidelbeeren am Abend zuvor in Wasser mit Zitronensaft einlegen. Eigelb, Mascarpone, Zucker und Zimt gut verrühren. Mit einer Mischung aus Milch und Whisky die Löffelbiskuits befeuchten und abwechselnd mit der Crème in Schichten übereinander legen.
Die Heidelbeeren abtropfen lassen, die Süßspeise in Schalen geben und mit Heidelbeeren bedecken.

Da Giovanni ar Galletto

Wenn man von dem lauten, lebhaften Campo dei Fiori genug hat, sich sattgesehen hat an Farben und Formen, sich losgerissen hat vom faszinierenden Treiben der Marktweiber, der Fischhändler und Blumenverkäuferinnen, einen die Beobachtung der eleganten Damen und einfachen Hausfrauen beim Einkauf ebenso zu ermüden beginnt wie der schauerlich-schöne Anblick gehäuteter Lämmer und frischer Kutteln, dann wird es Zeit, sich durch die kleine Via del Gallo, an der nördlichsten Ecke des Platzes, vom schönsten und ältesten Markt Roms zu verabschieden.

Nach wenigen Schritten nur findet man sich auf der majestätisch gelassenen Piazza Farnese wieder, die sich in ungewohnter Ruhe und verhaltener Schönheit vor dem gleichnamigen Palazzo ausbreitet, den Antonio da Sangallo und Michelangelo für den Kardinal Farnese, den späteren Papst Paul III., erbaut haben. Seine Fassade ist die schönste der Stadt. Architekturelemente, die bis dahin nur das Innere eines Palastes schmückten und die Augen der Bewohner erfreuten, stülpt Michelangelo hier erstmals nach außen, macht sie der ganzen Stadt sichtbar und überwindet die Tradition, die er aus seiner Heimatstadt Florenz mit an den Tiber gebracht hatte.

Um dieses vollendete Meisterwerk durchgestalteter Architektur in aller Ruhe zu betrachten, gibt es keinen besseren Platz als ein Tischchen vor der Osteria Giovanni ar Galletto. Man sitzt neben einer der beiden riesigen, zu Brunnen umgearbeiteten »Badewannen« aus den antiken Caracallathermen.

Lange bleibt man nicht allein. Bald gesellen sich die Angestellten der französischen Botschaft dazu, die heute den Palazzo Farnese »besetzt«. Leider wird nur ganz hartnäckigen Antragstellern die Besichtigung der Fresken von Annibale und Agostino Carracci erlaubt, die so appetitanregend die Liebschaften der olympischen Götter darstellen. Oder es kommen aus dem nahe gelegenen, nur wenig später erbau-

Spaghetti alla carbonara
Spaghetti mit Eiern und Speck

Für 4 Personen

400 g Spaghetti
2 Eier
150 g geräucherte Schweinebacke (nur in Notstandsgebieten fernab von Rom zu ersetzen durch Bauchspeck)
1 EL Olivenöl extra vergine
50 g römischer Schafskäse zum Reiben
schwarzer Pfeffer aus der Mühle

Die beiden Eier gut verquirlen. Die Schweinebacke in Streifen schneiden und im Öl knusprig braten. Unterdessen die Nudeln kochen, absieben und in der Pfanne mit den Schweinebackenstreifen wenden. Pfanne vom Feuer nehmen und das Ei dazumischen. Mit Käse überstreuen und reichlich Pfeffer darübermahlen. Sofort servieren.

ten und doch so anders gearteten Palazzo Spada die Richter, die heute im ehemaligen Haus des Kardinals Spada arbeiten, an den noch ein kleines Museum, ganz im Stile einer erlesenen Privatsammlung, erinnert. Wem so etwas gefällt, der wird sich auch einen Bummel durch die Via Monserrato und die Via Giulia nicht nehmen lassen, beide berühmt für ihre schönen Antiquitätengeschäfte und Galerien.

Aber kehren wir zu unserem sympathischen Giovanni zurück und bestellen wir uns seine berühmten *spaghetti alla carbonara*, ein klassisches Nudelgericht der römischen Küche, auch wenn es wahr sein sollte, daß das Rezept von umbrischen Köhlern nach Rom gebracht wurde. Andere wollen von solchen Fremdeinflüssen nichts hören, für sie kann das Gericht nur römisch sein, da es seinen Namen von dem reichlich darübergemahlenen schwarzen Pfeffer erhielt, der es wie verkohlt aussehen läßt und den man wegen seiner Seltenheit früher nur in so reichen Städten wie Rom fand.

Ein zweites Muß bei Giovanni sind seine *trippe alla romana*, denn so zart, bißfest und voller Geschmack findet man sie anderswo kaum. Eigentlich wäre es korrekter zu sagen, so gut wie bei ihr, denn seine Frau ist der wahre »Innenminister«, wie Giovanni sie liebevoll nennt, die gute Seele der ehrlichen

Küche. Die beiden stammen, wie viele Wirte der Hauptstadt, aus Amatrice, nahe der Grenze zwischen Umbrien, Marche und Lazio, und betreiben seit 1981 zusammen mit Sohn Angelo dieses kleine Lokal.

Der Zusatz »ar galletto«, römisch für das Hähnchen, leitet sich von der Via del Gallo ab, die wiederum nach dem Marchese del Gallo benannt ist, der in der Gegend viel Besitz hatte und hier schon im Jahre 1490 eine Osteria einrichten ließ. Doch wenn man in die verschmitzten Gesichter von Giovanni und Angelo schaut, erkennt man in ihnen den alten und den jungen Gockel.

Wie die meisten Gaststätten in Rom, die sich nicht am Tourismus orientieren, ist auch diese am Sonntag geschlossen. Denn die Römer verbringen die Wochenenden entwe-

Trippa alla romana
Kutteln auf römische Art

Für 4 Personen

800 g Kutteln
50 g geräucherte Schweinebacke
1 Karotte
1 Stange Staudensellerie
3 EL Olivenöl extra vergine
1 Glas trockener Weißwein
4 Blätter Minze
500 g geschälte Tomaten
50 g römischer Schafskäse zum Reiben

Schweinebacke, Karotte und Sellerie kleinschneiden und im Öl gut anbräunen. Mit dem Wein ablöschen und die in kurze dicke Streifen geschnittenen Kutteln dazugeben und kochen lassen. Wenn sich gelblicher Schaum zu bilden beginnt, die Minze und die Tomaten hinzufügen und alles etwa 1 ½ Stunden leise köcheln lassen. Zum Schluß den geriebenen Käse hineinrühren und servieren.

Olive ascolane
Gefüllte Oliven

je nach Größe 30–50 große grüne Oliven (vorzugsweise die aus Ascoli)
100 g gehacktes mageres Kalbfleisch
1 Ei
30 g Parmesan, gerieben
Zitronenschale
Muskatnuß
Salz und Pfeffer
½ l Olivenöl extra vergine

Das Hackfleisch mit dem Ei und dem Parmesan gut vermischen und mit etwas geriebener Zitronenschale, Muskatnuß, Salz und Pfeffer abschmecken. Die Paste in die entsteinten Oliven füllen. Gefüllte Oliven in reichlich Olivenöl fritieren.

der am Meer oder in den Hügeln um die Stadt, und im Zentrum findet man dann praktisch nur Touristen. Aber in diesem Fall gibt es noch einen anderen Grund. Giovanni und Angelo sind eingeschworene Anhänger des römischen Fußballvereins Lazio und verbringen den Sonntag im Stadion, entweder um Lazio zum Sieg anzufeuern oder dem verachteten Lokalrivalen AS Roma beim Verlieren zuzusehen. Und was für eine Befriedigung, wenn Lazio, der bei den Römern als Verein der »burini«, der Provinzler, gilt, in der Tabelle vor dem feinen stadtrömischen Club steht. In jedem Fall ist Montag das Thema Fußball allbeherrschend, und wehe dem Gast, der die Ergebnisse nicht kennt und nicht mitreden kann. Er wird von der Last des Mitleids, die sich ob seiner Unkenntnis über ihn ergießt, fast erdrückt.

F COS TERTIVM FECIT

Settimio

Nur wenige Schritte vom Pantheon entfernt, aber versteckt in der engen Via delle Colonnelle, trifft man ganz unerwartet auf ein Stückchen original römischer Gastlichkeit, wo man sonst nur teure Edelschuppen und Touristenabfütterung erwartet. Natürlich sitzen alle, Einheimische wie Fremde, zu jeder Tages- und Nachtzeit gern in den Cafés vor dem herrlichen Pantheon, dem schönsten und am besten erhaltenen antiken Gebäude Roms. Es hat die größte Kuppel, die jemals erbaut wurde, genau einen halben Meter mehr im Durchmesser als die von Sankt Peter. Der Bau ist das am häufigsten kopierte architektonische Kunstwerk der Welt.

Allerdings ist das heutige Gebäude, das uns so vollkommen erscheint, quasi nackt. Es fehlen die vergoldeten Bronzeziegel, die die gesamte Kuppel bedeckten, ebenso wie das große Bronzerelief im Giebelfeld und die Marmorverkleidung der Außenmauern.

Angeblich wurde es an der Stelle errichtet, wo Romulus, der priesterliche Stadtgründer, während einer Opferfeier auf dem Marsfeld unter Donner, Blitz und Hagelschauern gen Himmel fuhr. Als im Jahre 27 v. Chr. Agrippa mit dem Bau des Pantheons begann, hatte er nicht von ungefähr den Platz der Gottwerdung des Romgründers gewählt. Der Schwiegersohn und Architekt des Augustus wollte, wie ein neuer Romulus, der Gründer einer erneuerten Stadt sein.

Nach mehreren Bränden und Schäden wurde der Tempel, der den sieben Planetengöttern geweiht war, vom architekturbegeisterten Kaiser Hadrian neu erbaut, samt Vorbau mit den sechzehn gewaltigen Säulen und der riesigen Gußmauerwerkkuppel. Diese fortschrittliche Technik setzte eine enorme Gerüstkonstruktion voraus. Es ist unwahrscheinlich, daß die Kuppel über aufgehäufter Erde errichtet wurde, wie eine Legende besagt. Ihr zufolge ließ der Kaiser nach dem Bau der Kuppel verbreiten, daß unter der Erde ein erheblicher Geldschatz verborgen sei, und die Römer befreiten auf der Suche danach in wenigen Tagen das Gebäude von der darin befindlichen Erde.

Durchmesser und Höhe des Innenraumes sind gleich, genau 43,30 Meter. Diese perfekte Kugelform, die man als Besucher leicht erkennt, symbolisiert den Kosmos. Das wird noch deutlicher, wenn man in Rechnung stellt, daß die Gebäudeachse nicht exakt in Nord-Süd-Richtung verläuft, weil nur in dieser Stellung folgendes astronomisch-kalendarische Phänomen sichtbar wird: Am Mittag des 21. Juni, dem Sommeranfang, trifft die Sonne, die durch das »Auge«, die 9 Meter große Dachöffnung, eintritt, genau die Mitte des Eingangstores.

Zu Beginn des 7. Jahrhunderts begann das Gebäude wieder zu leben. Der byzantinische Kaiser Phokas schenkte das

Pantheon Papst Bonifaz IV., der den allen Göttern geweihten Tempel in eine allen Heiligen gewidmete Kirche umwandeln ließ.

Nur dieser Schenkung ist der Erhalt des Pantheons zu verdanken. Es wurde, seltsamer Zufall oder wohl eher geplante Koinzidenz, am 13. Mai, dem Himmelfahrtstag des Jahres 611, als christliche Kirche geweiht.

In der Renaissance wurde es das Mausoleum einiger Künstler: Raffael und Baldassare Peruzzi liegen hier neben Annibale Carracci, Taddeo Zuccari und Perin del Vaga. Auch die Könige der italienischen Vereinigung Vittorio Emanuele II. und Umberto I. sind dort beigesetzt, wo einst die Standbilder Cäsars, Agrippas und des Augustus standen.

Nach dem Besuch dieser zeitlosen Pracht sollte man sich zum Essen nur dann direkt am Platz niederlassen, wenn man auch im Hinblick auf den eigenen Geldbeutel in astronomischen Maßstäben zu denken gewohnt ist. Da mag der Anblick des Obelisken, der selbst einen Strahl der goldenen Sonne symbolisch darstellt, noch so locken, kulinarisch viel verlockender ist das anheimelnde Ambiente bei Settimio.

Man betritt das Lokal quasi durch die Küche, wo der weibliche Teil von Settimios Familie die Kochtöpfe durcheinanderwirbelt. Am Tisch kann man sich in Ermangelung einer Speisekarte die Zeit damit vertreiben, von den in die Wand gemauerten und mit allerlei Schreibwerkzeug bezeichneten und signierten Ziegeln abzulesen, wer vormals diesen Platz schon mit Vergnügen besetzte. Settimios Gäste sind im allgemeinen Leute, die in der Umgebung arbeiten und wohnen, darunter viele Parlamentarier des nahen

Spaghetti alla Checca
Sommerspaghetti

Für 4 Personen

400 g Spaghetti
500 g reife Eiertomaten
1 große Büffelmozzarelle
4 EL Olivenöl extra vergine
8 Blätter Basilikum
Salz, Pfeffer
evtl. Oliven oder Kapern

Die Tomaten und den Käse würfeln und in einem ausreichend großen Gefäß mit Öl, den zerrupften Basilikumblättern, Salz und Pfeffer gut vermengen. Mindestens 20 Minuten ruhen lassen. Anschließend mit den inzwischen al dente gekochten Nudeln im Gefäß gut vermischen und sofort lauwarm servieren.
Man kann die Sauce auch mit Stückchen von grünen Oliven oder Kapern verfeinern.

Palazzo Montecitorio, des Sitzes der Abgeordnetenkammer. Ab und zu tauchen auch einige exotischere Gäste auf, wie Königin Paola von Belgien oder der amerikanische Schauspieler Robert de Niro, der öfter bei Freunden gleich um die Ecke logiert.

Die Küchenmannschaft läßt sich auch durch solchen Besuch nie aus der Ruhe bringen. Jeder Gast zählt gleich, und für jeden werden mit derselben Hingabe die klassischen Gerichte aus Amatrice gekocht. Aus diesem letzten Dorf des Lazio an der Grenze zu Umbrien stammt Settimios Familie, ebenso wie die berühmten *bucatini o rigatoni all'amatriciana*, Nudeln mit Zwiebeln, Tomaten, Schweinebacke und geriebenem Schafskäse, die schon längst zu einem römischen Volksgericht avanciert sind, auch wenn die meisten Römer sie leider mit Bauchspeck zubereiten, wie der Sohn des Hauses, der sympathische Marco, kritisch anmerkt. Es

gibt auch eine Armeleutevariante dieses Nudelgerichtes, *alla gricia* genannt, die nicht etwa auf den Speck oder den Käse verzichtet, wie man erwarten könnte, sondern auf die Tomaten, die für die Schäfer aus Amatrice den eigentlichen Luxus darstellten.

Wenn es recht heiß ist, bestellen die Stammkunden gern die *spaghetti alla checca* mit einer kalten Tomaten-Mozarella-Sauce oder die leichte und appetitanregende Vorspeise mit rohen Artischocken, Nüssen und darübergehobeltem Parmesan. Natürlich zählt auch bei Settimio das *abbacchio al forno con le patate* zu den Klassikern, während im Herbst Pilze, Flugwild und Wildschwein die Speisekarte und das winzige Schaufenster des Lokals schmücken und Settimio seiner Lieblingsbeschäftigung nachgehen kann, die darin besteht, seinen Gästen reichlich Trüffel über die Speisen zu hobeln.

Brasato di cinghiale al vino rosso
Wildschweinbraten in Rotwein

Für 4 Personen

500 g Wildschweinfilet
1 l Rotwein
3 Blätter Salbei
1 Rosmarinzweig
1 Lorbeerblatt
4 EL Olivenöl extra vergine
1 Zwiebel
1 Karotte
1 Stange Staudensellerie
Salz, Pfeffer
20 ml Grappa
20 ml Cognac

Das Fleisch einen Tag lang in Rotwein, Salbei, Rosmarin, Lorbeer und einer Prise Salz beizen. In einer feuerfesten Tonform in Öl die kleingehackte Zwiebel, Karotte und Sellerie anbräunen und das abgetropfte Fleisch mit den Gewürzen hinzufügen. Auf lebhafter Flamme gut anbraten, salzen und pfeffern. Anschließend Grappa und Cognac angießen und zugedeckt etwa 1 Stunde bei mittlerer Hitze kochen lassen. Dazu serviert Settimio gegrillte Polentascheiben.

Otello alla Concordia

In der Nähe der Piazza di Spagna, mitten im touristischen Zentrum Roms, eine Osteria zu finden, deren Küche und gastliche Qualität als römisch zu bezeichnen wären, ist ein schwieriges Unterfangen. Um zu Otello zu gelangen, muß man sich an den supereleganten Auslagen der hyperteuren Geschäfte vorbeikämpfen, sich weder vom Goldgepränge bei Bulgari noch von den Verlockungen sündhaft schöner und sündhaft teurer Klamotten bei Armani oder Versace gefangennehmen lassen und nur die kleine Toreinfahrt in der Via della Croce finden, die in den blühenden Innenhof führt, in dem sich das Draußen sofort vergessen läßt.

Am schönsten sitzt man im Glashaus, das von Glyzinien, Wein und Efeu überwuchert ist, die duftend blühen und kühlen Schatten spenden. In der Mitte plätschert ein kleiner Brunnen in einer antiken Marmorwanne, üppig geschmückt mit allerlei Obst und Gemüse.

Otello selbst hat 1991 sein kleines irdisches Paradies für immer verlassen. Heute wird es in seinem Namen und seinem Sinn von seinen drei fröhlichen und sympathischen Töchtern weitergeführt. Wenn man im Laufe des Vormittags

kurz hereinschaut, um sich für den Mittag einen Tisch zu reservieren, wird man mit ziemlicher Sicherheit Signora Pia dabei antreffen, wie sie auf dem großen Tisch in der Ecke frischgemachte Nudeln schneidet oder ihre *tortellini* mit Fleisch und ihre *agnolotti* oder *ravioli* mit Spinat und der frischen römischen *ricotta* füllt. Oder sie bereitet die Zutaten für eines der berühmten Gerichte der Osteria vor, die Paprika etwa, die man in der Küche für die Zubereitung des *pollo alla romana* braucht. Diesen Leckerbissen aßen die Römer traditionell zu Ferragosto, dem Feiertag, der anläßlich der Kaiserkrönung von Augustus vor 2000 Jahren eingeführt wurde und bis heute jedem Italiener heilig ist. Die Römer packten ihr Huhn in den Korb und verzehrten es, zusammen mit reichlich Wein, draußen vor den Mauern der Stadt oder am Strand von Ostia. Vielleicht ist auch Franca schon im Lokal und handelt lautstark mit dem Fischlieferanten um den Preis der gelieferten Waren, denn die Finanzen des Betriebes liegen in ihrer Hand. Sie weiß auch die Geschichte des Hauses am lebhaftesten zu erzählen, etwa, daß die Sache mit einem skandinavischen Club ihren Anfang nahm, einem Ort, an dem sich im 18. Jahrhundert alle blonden Nordmänner trafen. Von ihnen gab und gibt es gar

nicht wenige in Rom, seit Königin Christine von Schweden abgedankt hatte, zum katholischen Glauben konvertiert war und 1655 in Rom eintraf.

Einen der Vorgänger Otellos nannten sie »l'avvelenatore«, den Vergifter. Trotz seines Spitznamens soll er ein hervorragender Koch und einmaliger Wirt gewesen sein, an dem sich Otello messen lassen mußte, als er das Lokal 1948 übernahm. Zwar war von dem alten Ruhm zu diesem Zeitpunkt nicht mehr viel übrig geblieben, doch er hatte den Ehrgeiz, an bessere Tage anzuknüpfen. Erst einmal hatte er aber eine *bettolaccia* übernommen, eine Kneipe, in die Arbeiter zum Kartenspiel kamen und eine *foglietta*, einen halben Liter Wein, bestellten. Die typischen Bezeichnungen für die unterschiedlichen Weinmengen sind noch heute weitgehend in Gebrauch. So bezeichnet man im römischen Dialekt die Zwei-Liter-Flasche als *er barzilai*, seit in den frühen Tagen des Parlaments der ehrenwerte Abgeordnete Barzilai während des Wahlkampfes in solch riesigen Flaschen Wein verteilen ließ, um die Wähler »zur richtigen Stimmabgabe anzuregen«. Natürlich lieferte auch die Kirche einige Maßeinheiten, wie den ⅕ Liter fassenden *chirichetto*, den Mini-

Saltimbocca alla romana
Kalbsschnitzel nach römischer Art

Für 4 Personen

4 dünne Kalbsschnitzel
4 Blätter Salbei
4 Scheiben roher Schinken
Olivenöl extra vergine
100 ml Weißwein
Salz, Pfeffer

Die Zubereitung braucht wenig Zeit und starke Hitze unter der Pfanne. Die Schnitzel salzen, pfeffern, mit Salbei und Schinken belegen und in die Pfanne mit heißem Öl geben. Nach etwa 2 Minuten wenden, nochmals 2 Minuten braten, den Wein angießen, Alkohol verdunsten lassen und fertig.

Pollo alla romana
Paprikahuhn nach römischer Art

Für 4 Personen

1 frisches Freilandhuhn
1 dicke Scheibe durchwachsener Speck
1 Glas Weißwein
500 g geschälte Tomaten
2 Paprikaschoten, gelb und rot
1 kleine Zwiebel
4 EL Olivenöl extra vergine
Salz, Pfeffer

Huhn in 8 Teile zerlegen, salzen, pfeffern.
In einem Bräter in Öl den kleingeschnittenen Speck und das Huhn kräftig anbraten, mit Wein ablöschen und einkochen lassen. Tomaten hinzufügen und auf kleiner Flamme etwa 30 Minuten köcheln. Paprika und Zwiebel kleinschneiden und in einer Pfanne in Öl anbräunen und am Schluß zum Huhn hinzufügen.

stranten, während man die Einheit, die sich nur die ganz Armen leisten konnten, den 1/10 Liter poetisch *sospiro* nennt, den Seufzer.

Die charakteristischen Weinbehältnisse aus klarem Glas, die man bis heute vielerorts antrifft, und die in ihrer klaren bestechenden Form selbst Le Corbusier begeistert haben, wurden im 16. Jahrhundert von einem Juden namens Meir Magino entworfen und lösten per päpstlicher Verordnung die alten Tonkrüge ab. Dahinter steckte natürlich der Versuch, den Wirten den oft geübten Betrug zu erschweren, der vom schlechten Einschenken bis zum Panschen des Weines mit Wasser reichte.

Alle drei Otello-Töchter sind praktisch im Lokal des Vaters aufgewachsen und haben besonders lebhafte Erinnerungen

Involtini alla romana

Rinderrouladen nach römischer Art

Für 4 Personen

4 Scheiben Rindfleisch
4 Scheiben Mortadella
2 Stangen Staudensellerie
1 große Karotte
Salz, Pfeffer
1 Zwiebel
1 Glas Weißwein
500 g geschälte Tomaten
1 Knoblauchzehe
Olivenöl extra vergine

Die Fleischscheiben salzen, pfeffern und mit Mortadella belegen. Sellerie und Karotte in feine Streifen schneiden und darauf legen. Die Rouladen aufrollen und mit Zahnstochern oder Faden zusammenhalten.
In einem feuerfesten Tontopf in Öl die kleingewürfelte Zwiebel und Knoblauch glasig werden lassen, dann die Rouladen bei mittlerer Hitze anbraten. Die Hitze ist wichtig, ist sie zu hoch, wird die Sauce bitter, ist sie zu niedrig, bekommt diese keinen Geschmack.
Den Wein dazugießen und verdunsten lassen. Tomaten hinzufügen, salzen und pfeffern und zugedeckt bei kleiner Flamme etwa 1½ Stunden köcheln lassen.

an die frühen fünfziger Jahre, als das Otello als »kommunistische Zelle« galt. Hier hatten die Politiker der Linken ihren Stammtisch und ihre Diskussionen waren damals noch so volksnah, daß auch der Wirt und die anderen Stammgäste sich lebhaft daran beteiligten. Später gesellten sich immer mehr Künstler, Intellektuelle und Kinoleute dazu, vom Nobelpreisträger Salvatore Quasimodo bis zum ungarischen Bildhauer Amerigo Tot, dessen Arbeiten jeder Römer aus dem Bahnhof Stazione Termini kennt, von Federico Fellini über Monicelli bis Ettore Scola. Der von ihnen eingeführte Stammtisch existiert bis heute, und jeden Mittwochabend sitzen einige ältere Herren lachend zusammen am großen Tisch und genießen den Wein, das Essen, das römische Leben und ihre ganz besonderen Erinnerungen.

IN HONOREM PRINCIPIS APOST PAVLVS V BVRGHESIVS ROMANVS PO
X AN MDCXII PONT VII

Osteria dell'Angelo

Für jeden Romreisenden ist ein Besuch der Vatikanischen Museen Pflicht. Vor allem jetzt, nach der »Wiedergeburt« der Michelangelo-Fresken, die nach ihrer Reinigung erstmals seit Hunderten von Jahren wieder ihre originale Farbenpracht zeigen, zieht allein die Sixtinische Kapelle ganze Heerscharen von Touristen aus aller Welt an.

Aber weil der Mensch von der Kunst allein nicht leben kann, florieren zahlreiche Abfütterungseinrichtungen der näheren Umgebung ganz prächtig nach der Devise: für einen stattlichen Betrag einen Schlag verkochte Spaghetti. Wer sich einem solchen Schicksal entziehen möchte und den schmerzenden Beinen außerhalb des Museums noch einige Schritte zu entlocken in der Lage ist, der sollte Angelo Croce aufsuchen. Das ist nicht etwa ein weiteres Malergenie, sondern der Besitzer einer Osteria, wie man sie sich typischer gar nicht denken kann.

Angelo Croce war der gefeierte Rugbystar der Stadt, in einer Sportart, die im klassischen Fußballand Italien erstaunlich viele Anhänger hat. Aber sein eigentlicher Lebenstraum entstand schon in seiner Kindheit, als er an der Hand des Großvaters durch sein Stadtviertel spazierte. Kaum um die Hausecke gebogen und damit den Kontrollblicken der gestrengen Großmutter entkommen, zog es die beiden Mannsbilder in die nächste Osteria, den Ort, wo sich der Großvater schon immer und der Junior von Anfang an glücklich und wohl fühlten. Und eine solche echte römische Osteria wollte Angelo seit dieser Zeit selbst besitzen.

Vor neun Jahren hat er sich nun diesen Traum erfüllt. Das alte Lokal, auf das er ein Auge geworfen hatte, war durch viele Hände gegangen, sein Ruf restlos ruiniert. Aber Angelo war das ziemlich egal, er wußte, daß es nicht am Stadion, sondern am Spielmacher liegt, ob ein Match gewonnen wird oder nicht.

Es ist die einzigartige Atmosphäre, die aus vier Wänden eine Osteria und aus Angelos Lokal eine der schönsten Kneipen

Tonnarelli cacio e pepe
Frische Nudeln mit Käse und Pfeffer

Für 4 Personen

400 g frische Nudeln
100 g römischen Schafskäse zum Reiben
Olivenöl extra vergine
Pfeffer aus der Mühle

Aus etwa 350 Gramm Hartweizenmehl und Wasser (ohne Ei) frische Nudeln machen und ganz kurz al dente kochen. In einem kleinen Rest des Kochwassers den geriebenen Käse schmelzen, mit frisch gemahlenem Pfeffer gut würzen und die Nudeln darin wenden, mit etwas Öl übergießen und servieren.

Roms macht. Der Beruf des Wirtes ist ihm wie auf den Leib geschrieben, er ist ein Gastgeber, wie die Italiener ihn meinen, wenn sie von einem *anfitrione* sprechen. In der griechischen Mythologie hatte Zeus die schöne Alkmene in Gestalt ihres Ehemanns Amphitryon, Enkel des Perseus, besucht. Aus dieser Verbindung ging Herkules hervor.

Eine Gastfreundschaft antiken, besser archaischen Charakters umfängt den Besucher, die Offenheit, Spontaneität und gute Laune des Hausherrn setzt den menschlichen Maßstab. Für seine Gäste, die eng zusammen an den einfachen Holztischen sitzen, besteht ganz offensichtlich kein Unterschied zwischen zu Hause und hier, wo noch das Sägemehl

zur leichteren Reinigung auf den Boden gestreut wird. Die Osteria ist ein selbstverständlicher Aufenthaltsort im Tagesablauf, irgendwo zwischen den eigenen vier Wänden und dem Büro oder der Werkstatt. Zu Mittag ist sie übervoll mit Angestellten, Handwerkern oder Freiberuflern, die eine schmackhafte Kleinigkeit essen wollen und sich über einen Schwatz freuen.

Die Gerichte sind einfach und von grundsolider Machart, eben so wie sie jede römische Mamma auf den Tisch bringt – von *tonnarelli cacio e pepe*, vielleicht dem römischsten aller Rezepte, über herrlichen Kaninchenbraten bis zu *polpette di carne*, die bei uns in einigen Gegenden so ganz klangähnlich

Buletten genannt werden. Das die Zutaten betreffende Motto steht groß über der Küche: »Vom Produzenten direkt zum Verbraucher«, und die Preise entsprechen dem familiären Rahmen.

»Se magna o nun se magna la sera so' 30.000 sinnò CHIUDEMO! A pranzo invece, dato che c'è de mezzo er lavoro, li prezzi so' qui appresso.« Diese klare und einleuchtende Philosophie ist auf die Packpapierunterlagen gedruckt und besagt: Ihr könnt essen, was ihr wollt, am Abend zahlt ihr in jedem Fall 30.000 Lire, sonst müssen wir schließen! Zu Mittag hingegen, während eurer Arbeitszeit, zahlt ihr nebenstehende Preise: die Vorspeisen 7.000, die Hauptspeisen 8.000 und *li dorci*, römisch für Nachspeisen, 3.000. Selten läßt Angelo es sich entgehen, bei letzteren mit einer Karaffe Romanella am Tisch vorbeizuschauen, seinem eigenen Süßwein, den er aus Trebbiano- und Malvasiatrauben in Lanuvio anbaut. Anschließend holt er einen *caffè* aus der Bar von nebenan, denn ein *espresso* schmeckt nur, wenn die Maschine ganztägig in Betrieb ist. Und schließlich dient noch die Papierunterlage auf dem Tisch als »Rechnungsformular«, auf dem handschriftlich die Summe gezogen wird, die in Lire bescheiden, bezüglich Einsichten in den römischen Alltag für den Fremden um so höher ausfällt.

Coniglio alla romana
Kaninchen auf römische Art

Für 4 Personen

1 Kaninchen, ausgenommen und in 8 Teile zerlegt
2 l trockener Weißwein
1 Lorbeerblatt
1 Rosmarinzweig
6 Salbeiblätter
10 Blätter Minze
Salz, Pfeffer
100 g schwarze Oliven
4 EL Olivenöl extra vergine

Das Kaninchen über Nacht in den Weißwein mit allen Zutaten, außer den Oliven und dem Öl, legen.
Am Tag darauf in einem Bräter mit Olivenöl die Kaninchenteile leicht anbraten, salzen, pfeffern und mit etwas Beize ablöschen. Die Oliven dazugeben und bei 160 Grad ganz langsam etwa 45–60 Minuten garen lassen. Von Zeit zu Zeit mit etwas Beize feucht halten.

SPQR

Perilli

Zu den dem Fremden wenig bekannten Vierteln Roms gehört der Testaccio. Dieses Arbeiterwohngebiet, welches die einheimische *jeunesse dorée* gerade für sich entdeckt, wurde Ende des 19. Jahrhunderts errichtet, nachdem das Areal 1500 Jahre lang verlassen dagelegen hatte. Ehemals gehörte es zum Tiberhafen Ripa Grande, an dessen Flanke in der Zeit zwischen 140 v. Chr. und 250 n. Chr. ein Berg aus Tonscherben (lat. *testae*) aufgetürmt wurde, der bis heute 35 Meter hoch aufsteigt und einen Durchmesser von einem Kilometer aufweist. Die Scherben sind die Bruchstücke von Millionen von Amphoren, in denen man die Waren auf Schiffen bis in den Hafen transportiert hatte und die nach ihrer Entleerung zerschlagen und von Sklaven sorgfältig aufgeschichtet wurden, fein säuberlich getrennt in Amphorenhälse, Henkel und gebogene Scherben des eigentlichen Gefäßes.

Eine Amphore, die zum Weintransport diente, hatte seit dem 1. Jahrhundert v. Chr. ein Normmaß von genau 26,26 Liter Inhalt. Das Eichmaß wurde im Jupitertempel auf dem Kapitol aufbewahrt. Teilmengen waren u.a. die *urna* (½), der *congius* (⅛), der *sextarius* (1/48) und der *cyathus* (1/576), ein Schöpflöffel voll. Alle Amphoren waren außerdem mit einem Herstellerstempel versehen und sind deshalb bei der nachträglichen Identifizierung von Handelsverbindungen sehr hilfreich; sie wurden nur einmal verwendet. Recycling kam in den seltensten Fällen vor, etwa wenn korrupte Statthalter »die Amphoren, die sie voll Wein mit in die Provinz genommen hatten, mit Gold und Silber gefüllt wieder nach Hause brachten«, wie Gaius Gracchus schreibt.

Aus dem Griechischen *amphi* für beidseitig und *phérein* für tragen, also dem zweihenkeligen Krug, wurde die lateinische *amphora*, die sich ihrerseits in der Verkleinerungsform zur *ampulla* wandelte. Von da bis zur Pulle war es dann nicht mehr weit. Da in der *ampulla* aber auch Lampenöl aufbewahrt wurde und man durch Hinzufügen eines Dochtes daraus eine Lampe machen konnte, nimmt die mittelalterliche Bezeichnung Ampel für ewiges Licht auch nicht mehr

wunder. Und deshalb sollte man heutzutage nach dem Genuß von vielen Pullen in einer roten Ampel nicht den Feind sehen.

Zu Beginn unseres Jahrhunderts wurde zwischen Testaccio und dem inzwischen regulierten Tiberlauf der neue Schlachthof der Stadt Rom erbaut. Die kleinen Metzger, die sich um ihn herum ansiedelten, gruben in den Tonscherbenhügel ihre Lagerhallen, die durch die Feuchtigkeit, die der Berg speicherte, immer schön kühl waren. In den achtziger Jahren wurde der Schlachthof geschlossen, aber in den Höhlen haben sich noch einige Osterie gehalten, die nach wie vor über ideal klimatisierte Weinkeller verfügen und weiterhin die traditionelle Armeleuteküche des Schlachthofviertels pflegen. Heute ist daraus so etwas wie eine kulinarische Mode geworden, ganz Rom einschließlich aller schicken Touristen läßt sich den eigentlichen Fleischabfall zu horrenden Preisen kredenzen und verdaut ihn anschließend in dröhnenden Discos, die gerade dabei sind, das proletarische Testaccio-Viertel zu erobern.

Die römisch-gastronomische Tradition hat drei Wurzeln: die jüdische Küche, die vor allem in Trastevere und dem Ghetto beheimatet war, die Küche der ländlichen Umgebung und

diejenige des »quinto quarto«, wie sie im Testaccio zu Hause ist. Die Schlachthofarbeiter wurden teilweise in Geld und zum anderen Teil mit Innereien, den Köpfen, Schwänzen und der Haut der Schlachttiere ausgezahlt. Diese Teile wurden früher weder am päpstlichen Hof und in den adeligen Villen noch zu späterer Zeit in den bürgerlichen Haushalten verzehrt. Doch für die arbeitende Bevölkerung war dieses »fünfte Viertel« eine begehrte energiespendende und eiweißreiche Kost. Aber es bedurfte einiger Kenntnis und langer Kochzeiten, um daraus auch schmackhafte Gerichte zuzubereiten. Und so entstanden die zahlreichen Osterie im Testaccio, wo man in den Arbeitspausen für wenig Geld essen konnte. Typisch waren und sind die *coda alla vaccinara*, der Ochsenschwanz, dessen Stücke zuerst in Schmalz gebraten werden und dann für Stunden in der aromatisierten Tomatensauce köcheln, oder die *coratella d'abbacchio*, die Lamminnereien, und die *pajata*, die Därme vom Milchkalb.

Die Piazza Testaccio beherbergt einen großen überdachten Markt, der in jedem Fall einen Besuch lohnt. An seinem äußeren Rand stehen die Metzgerstände, die Fischhändler und die Gewürzverkäufer, während die Mitte von zahllosen

Coda alla vaccinara
Ochsenschwanzragout

Für 4 Personen

1 Ochsenschwanz, ca. 1,5 kg
1 EL Schweineschmalz
1 Zwiebel
2 Knoblauchzehen
8 Gewürznelken
Salz, Pfeffer
300 ml Weißwein
250 g geschälte Tomaten
2 Stangen Staudensellerie
50 g Pinienkerne
50 g Rosinen
50 g Bitterschokolade

Den Ochsenschwanz gut waschen und in Stücke teilen. In einem gußeisernen Topf die Stücke in Schweineschmalz gut anbraten. Zwiebel fein hacken und zusammen mit Knoblauch und Nelken dazugeben, salzen, pfeffern. Nach einigen Minuten Wein angießen und den Topf zudecken. Nach einer Viertelstunde die Tomaten dazugeben und eine weitere Stunde kochen lassen. Danach die Fleischstücke mit heißem Wasser bedecken, zudecken und für noch 5–6 Stunden köcheln lassen, bis sich das Fleisch ganz leicht vom Knochen lösen läßt.
Die Selleriestangen in Wasser weichkochen, kleinschneiden und zusammen mit etwas Sauce aus dem Topf mit dem Fleisch in eine Pfanne geben. Dazu kommen Pinienkerne, Rosinen und geriebene Schokolade.
5 Minuten kochen. Damit die Ochsenschwanzsauce binden und servieren.

Obst- und Gemüseständen besetzt ist. Alles ist tagesfrisch und wird zu Preisen angeboten, die der Einkommensstruktur der hier ansässigen Bevölkerung entsprechen. Auch die Wirte der zahlreichen Trattorie und Osterie der Umgebung kaufen hier ein. Unter ihnen trifft man allmorgendlich auch einen der Brüder Perilli, die zusammen die gleichnamige Osteria in der Via Marmorata betreiben. Diese Straße bildet die stadtzugewandte Grenze des Testaccio, und an ihrem Ende liegt eines der bizarrsten Bauwerke Roms, eine marmorverkleidete Pyramide von 27 Metern Höhe, Grab des reichen römischen Magistrats Gaius Cestius, der im Jahr 12 v. Chr. verstorben ist. Nahe der verkehrsumtosten Pyramide findet man eine wahre Oase der Ruhe, den romantischen

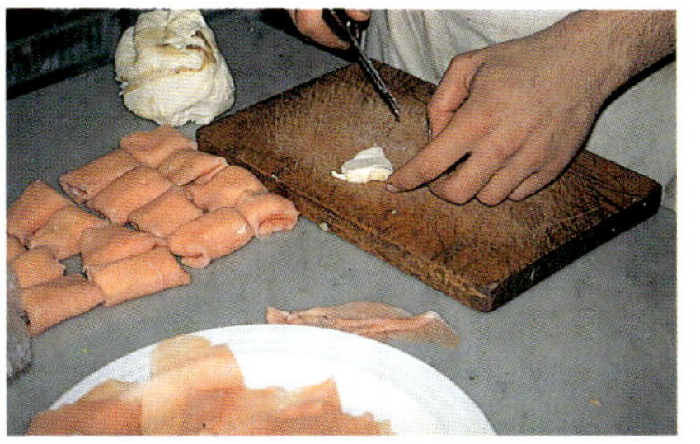

protestantischen Friedhof von Rom, dem Cimitero Acattolico, letzte Ruhestätte vieler romsüchtiger Nordländer, unter ihnen der Sohn Goethes, 1830 verstorben, die englischen Poeten Keats und Shelley, den deutschen Maler Hans von Marées oder seinen Landsmann Hans Barth, dessen Liebe zu diesem Land wir das wichtige Buch »Geistiger Führer durch die Wirtshäuser Italiens« verdanken.

Auch der nahe Bahnhof Stazione Ostiense hat eine seltsame Geschichte. Mussolini ließ ihn anläßlich des offiziellen Besuchs Hitlers in Rom erbauen. Da die Arbeiten aber nicht rechtzeitig beendet waren, verzichtete der Duce im letzten Augenblick auf die geplante Marmorverkleidung und ließ diese durch gemalte Imitation ersetzen.

Coratella con i carciofi
Lamminnereien mit Artischocken

Für 4 Personen

1 kg gemischte Lamminnereien (Herz, Leber, Nieren, Lunge, Milz, Bries)
4 kleine Artischocken
Olivenöl extra vergine
Salz

Die Innereien in kleine Stücke schneiden, im Öl zuerst das Herz, dann die Lunge und zum Schluß ganz kurz die restlichen Teile dünsten. In einer zweiten Pfanne die kleingeschnittenen Artischocken ebenfalls dünsten, gut salzen und pfeffern. Beides zusammenmischen und servieren.

Aber kehren wir zurück zu Perilli, der typischen Osteria am Testaccio, die sich bis heute am besten von allen vor der modischen Vereinnahmung bewahrt hat. Noch immer betreiben Väter und Söhne Perilli das Lokal wie seit 1911, noch immer ist die Küche deftig, sind die Preise ehrlich, noch immer sind die alten dilettantischen Wandmalereien und Holztische gut genug, und noch immer bekommt man, was es auf dem Markt gerade frisch gibt, wie in den Wintermonaten den köstlichen Salat aus *puntarelle*, einem Zichoriengewächs, das mit einer deftigen Sardellensauce am besten schmeckt, oder im Frühjahr die *agretti*, italienische Gartenkresse, die gedünstet als Gemüse gegessen wird. Jeder bekommt seine riesige Portion Nudeln, amatriciana

oder carbonara etwa, aus einer großen weißen Terrine geschöpft. Nur derjenige, in dem man das Haupt der um den Tisch versammelten Gesellschaft vermutet, bekommt keinen Teller, sondern zum Schluß die Schüssel vorgesetzt, wie es in den römischen Kleinbürgerfamilien oft noch heute Brauch ist. In dieser herzlichen Umgebung schmecken die herzhaften Gerichte der lokalen Tradition nicht nur, weil sie ohne modische Verdrehungen und Firlefanz bestens zubereitet sind, sondern auch weil sich die richtigen Leute mischen. Unter ihnen sitzt häufig der Filmkomiker Roberto Benigni, der so nicht lange nach Anregungen suchen muß für seine urkomischen und frechen Interpretationen der italienischen Volksseele.

Monte Bianco

Kastanienmus mit Schlagsahne

Für 4 Personen

1 kg Kastanien
1 Tütchen Vanillezucker
200 g Zucker
20 ml Rum
¼ l süße Sahne

Die Kastanien einige Minuten kochen, mit dem Schaumlöffel aus dem Wasser nehmen, abschrecken und schälen. Wieder ins kochende Wasser geben und weichkochen. Mit einer Gabel zerdrücken, mit Vanillezucker, Zucker und Rum mischen, die Sahne schlagen, die Hälfte davon darunterheben und kalt stellen. In Form eines Berges auf einer Platte anrichten, mit der restlichen Schlagsahne bedecken und servieren.

Pommidoro
pesce alla brace
specialitá caccia
AC·500 SM

Pommidoro

Es gibt in Rom eine Osteria, die man besuchen muß, obwohl kein historisches, künstlerisches oder sonstwie touristisch interessantes Monument in ihrer Nähe liegt. Am besten man läßt sich von einem Taxi zu Pommidoro bringen, aber auch dann kann es einem passieren, daß man nicht direkt dorthin gelangt, weil der Fahrer selbst den Weg erfragen muß.

Pommidoro liegt im volkstümlichen Viertel San Lorenzo, wenige Querstraßen hinter der Universität. Im Sommer sitzt man draußen auf der kleinen Piazza, im Winter drinnen möglichst nah beim gemütlichen Kamin, wo Aldo Bravi mit der ganzen Verwandtschaft Fisch und Fleisch am offenen Feuer brutzelt. Während der Jagdsaison ist viel Selbsterlegtes dabei, denn der Hausherr ist ein leidenschaftlicher Jäger, den es wegen fetter Wachteln oder köstlicher Schnepfen auch schon mal ins ferne Albanien zieht. Auf keinen Fall sollte man sich seine Spieße mit Lamminnnereien entgehen lassen, so ausgezeichnet zubereitet findet man diesen römischen Leckerbissen in der gesamten Stadt nicht noch einmal.

Die einfachen Bewohner der Gegend bezeichnete man früher in Rom als *fagottari*, von *fagotto* = Bündel, da sie sich ihr Essen von zu Hause in einem solchen mitbrachten und sich in die Osterie nur zum Trinken setzten. Auch die Kutscher hielten es so, und wenn vor einer Schenke die Karren und Kutschen so zahlreich standen wie bei Pommidoro, so wußte jedermann, daß an diesem Ort guter Wein ausgeschenkt wurde. Da die Kutscher außergewöhnlich viel tranken, versuchten sie regelmäßig, mit selbst mitgebrachten und vor den Augen des Wirtes versteckt gehaltenen billigen Flaschen die Höhe der Rechnung in Grenzen zu halten. Wirt Aldo, dem Vater des heutigen Aldo, entging das natürlich nicht, aber er war viel zu gutmütig, um darüber mit seinen Gästen in Streit zu geraten. Er setzte den Wein ganz einfach mit auf die Rechnung und entließ die Kutscher, die ohnehin weder schreiben noch rechnen konnten, mit dem erhebenden Gefühl, den Wirt übers Ohr gehauen zu haben. Sohn Aldo, der seit seinem siebenten Lebensjahr in der Osteria

mitarbeitet, ist voller Erinnerungen an derartige Anekdoten und erzählt auch gern, warum seinem Vater der Spitzname »Pommidoro« verliehen wurde, der soviel wie Tomate bedeutet. Er war ganz einfach so herzlich und paßte so gut zu allem und jedem wie eine schöne rote Tomatensauce.

Seine Freundschaft suchten nicht nur die Bewohner der Gegend, es kamen auch viele Intellektuelle und Künstler. Das hat sich auch nicht geändert, seit Sohn Aldo das Regiment übernommen hat, zusammen mit der unersetzlichen, immer heiteren Ehefrau Anna, die seit nunmehr vierzig Jahren die Gäste bekocht. Zu ihnen kamen ganz zu Anfang die Maler Villoresi, Guttuso und De Chirico und boten an, die Wände des frisch gestrichenen Lokals mit ihren Bildern zu bemalen. Aldo lehnte ab, »denn damals war ich erst 20 Jahre alt«, wie er entschuldigend hinzufügt. Schade zwar, aber so kommt man eben nach wie vor nur wegen Pommidoro und Annas Küche in diese abgelegene Gegend.

San Lorenzo war schon immer ein »rotes« Stadtviertel. Bis heute haben die beiden wichtigsten linken Zeitungen Italiens, »Paese Sera« und »L'Unità«, hier ihre Redaktionen. Es ist das Gegenstück zu Trastevere, was die Authentizität der Küche und des menschlichen Miteinanders betrifft, hatte

aber im Gegensatz zu diesem bisher das Glück, noch nicht von der Schickeria als origineller Wohn- oder Aufenthaltsort entdeckt zu werden. Deshalb trifft man hier nach wie vor auf die gelebte Utopie aller Linken, auf den revolutionären Zusammenschluß der Intellektuellen, Künstler, Studenten und Arbeiter – kampfbereit um eine Schüssel dampfender Pasta vereint.

Der Maler Guttuso saß ebenso bei Pommidoro mit am Tisch wie die Callas oder die Schauspieler des Teatro Palazzo gleich nebenan, wo der unvergleichliche Totò seine ersten Triumphe feierte, das heute aber leider zu einer Billardhalle degradiert ist. Aber kein Name illustriert den besonderen Geist dieses besonderen Ortes so wie der von Pier Paolo Pasolini. Er wohnte um die Ecke und saß fast täglich bei Pommidoro. Auch an jenem unseligen Novembertag 1975 kam er hierher und aß mit seinem Freund, dem Schauspieler Ninetto Davoli, eine saftige *bistecca*. Der Scheck, mit dem er sein letztes Mahl bezahlte, wurde nie eingelöst, Aldo bewahrt ihn als teure Erinnerung an einen großen Freund der Familie auf. Wenige Stunden zuvor hatte Pasolini seine letzten Worte in die Maschine getippt. »... fahrt fort, unerschütterlich, hartnäckig, ewig in Opposition, zu fordern:

Rigatoni con la pajata
Röhrennudeln mit Kalbsgekröse

Für 4 Personen

500 g Milchkalbsgekröse
50 g Speck
Petersilie
4 EL Olivenöl extra vergine
Salz, Pfeffer, Muskatnuß
1 Knoblauchzehe
2 Gewürznelken
100 ml Weißwein
250 g geschälte Tomaten
400 g Röhrennudeln
80 g geriebenen Schafskäse oder Parmesan

Pajata wird in Rom der Dünndarm von Milchkälbern genannt, dessen Inhalt einem Frischkäse gleicht. Wenn man einen guten Metzger hat, kann man ihn auch bei uns bekommen. Die äußerlich gut gereinigten Darmstücke in etwa 20 Zentimeter lange Stücke schneiden und an den Enden in Form von Wurstringen zusammenbinden, damit der delikate Inhalt nicht ausläuft. In Öl mit gewürfeltem Speck und Petersilie anbraten. Würzen mit Salz, Pfeffer und Muskat. Knoblauchzehe und Nelken zerdrücken und zusammen mit dem Wein hinzugeben. Den Wein auf großer Flamme verdunsten lassen. Tomaten dazufügen, nochmals salzen und pfeffern, zudecken und für zirka 2 Stunden unter mehrmaligem Umrühren köcheln lassen. Wenn nötig während des Kochens etwas Wasser dazu geben.
Die Nudeln al dente kochen, abgießen, den Käse daruntermischen, in der pajata wenden und servieren.

Fagiano con le olive
Fasan mit Oliven

Für 4 Personen

1 Fasan mit Innereien
4 EL Olivenöl extra vergine
1 Knoblauchzehe
1 Peperoncino
Salz
200 ml Weißwein
1 TL Kapern
2 Blätter Salbei
2 Sardellenfilets
Saft einer Zitrone
150 g schwarze entkernte Oliven

Den Fasan in einem irdenen feuerfesten Gefäß in Öl, Knoblauch und Peperoncino anbraten. Salzen, den Wein angießen und verdunsten lassen.
Währenddessen die Innereien kleinschneiden, mit kleingehackten Kapern, Salbei, Sardellen und Zitronensaft vermischen. Die Sauce und einige Eßlöffel heißes Wasser über den Fasan geben. Unter mehrmaligem Wenden den Fasan zugedeckt kochen. Kurz bevor der Fasan gar ist, die Oliven hinzufügen und fertig kochen. Servieren.

Fahrt fort, euch mit dem Andersartigen zu identifizieren, Skandal zu machen, zu lästern.« Ironischerweise wollte er diese Worte den Mitgliedern der Radikalen Partei zurufen, auf deren Kongreß er am 5. November sprechen sollte, jener Radikalen Partei Marco Pannellas, die 20 Jahre später zusammen mit den Faschisten in der Regierung Berlusconi saß.

Nach seiner Ermordung in derselben Nacht, die so vielen wie eine lange angekündigte Exekution erschien, hat man in diesen Worten sein Testament gesehen, einen Aufruf gegen »den wahren Faschismus von heute«, denn dieser besteht »in der gigantischen kulturellen Angleichung, der man Rebellion und Verweigerung entgegensetzen muß, Werte, die Widerstandskraft erzeugen gegen die Zerstörung des Menschlichen, eine Zerstörung, die Hauptziel der heutigen Machthaber ist«, wie der Dissident der Konsumzivilisation in seinen »Freibeuterschriften« prophetisch und vielleicht auch im Hinblick auf die anhaltende Zerstörung der gastronomisch-gastlichen Kultur geschrieben hatte. Diese zutiefst menschliche Kultur hat bis heute in römischen Nischen wie der hier beschriebenen überlebt.

Fuori Porta
– draußen vor den Toren der Stadt

Rom, in kürzester Zeit angewachsen auf fünf Millionen Einwohner, ist ein planlos wucherndes urbanes Geschwür, das sich immer weiter in den *agro romano* frißt, jene umliegende Landschaft, die in ihrer atemberaubenden Schönheit Tausende Male abgebildet, beschrieben und besungen wurde.

In den verschiedensten Beschreibungen tauchen immer wieder die Osterie auf, meist an Kreuzungen der großen Straßen gelegen, die von der *campagna* in die Stadt führten.

Ursprünglich dienten sie ausschließlich dem Waren- und Reiseverkehr, als Pferdestationen, wo man die Tiere tränken, füttern oder wechseln konnte, und als Herberge für Reisende und Kutscher. Erst seit dem letzten Jahrhundert begannen die Stadtbewohner, auf der Suche nach Kontakt mit der freien Natur, bei ihren Sonntagsausflügen hierher zu kommen. Die Römer fliehen heute vor dem Lärm oder der Sommerhitze in der Stadt hauptsächlich in Richtung Meer oder in die Gegend, die man seit dem Mittelalter die »Castelli Romani« nennt.

Zu dieser Zeit befestigten einige Adelsfamilien Roms 13 kleine südöstlich gelegene Dörfer, um sich dorthin aus der Stadt zurückzuziehen, die immer mehr dem Chaos verfiel. Diese Dörfer tragen so berühmte Namen wie Frascati, Grottaferrata, Castel Gandolfo, Rocca di Papa, Albano oder weniger bekannte wie Marino, Ariccia, Genzano, Nemi, Rocca Priora, Monte Comparti, Monte Porzio Catone – benannt nach Cato, der hier lebte – und Colonna. Sie alle sind idyllisch in den vulkanischen Albaner Bergen gelegen, in deren Krater sich der Nemisee sowie der Albaner See gebildet haben und auf deren fruchtbarer Erde die berühmten Weine der Castelli angebaut werden. Trotz ihrer Nähe zur Stadt, die kaum 20 Kilometer entfernt ist, haben sich die Dörfer ihren ländlichen Charakter weitgehend erhalten, und vieles erinnert noch an die eigene Kultur der Bauern und Schäfer des Lazio. Selbst der bis heute gesprochene Dialekt unterscheidet sich in vielen Einzelheiten. So wird das »s« wie

»z« gesprochen, und aus *pensare* wird *penzare*. Viele Worte enden anstatt auf »o« hier auf »u« und auch die Verwendung des aus dem Lateinischen stammenden Artikels *lo*, zum Beispiel bei *lo pane* (vom alten *illo panem*), anstelle des *er* im stadtrömischen Dialekt bzw. des *il* im Italienischen, weist weit in die Vergangenheit zurück. Verständlich, denn die alte Stadt Alba, Namensgeberin der Albaner Berge, wird als die Mutter Roms angesehen. Ihr König war es, der laut Legende seine Enkel Romulus und Remus am Tiber ausgesetzt hatte und damit die Gründung Roms bewirkte. Auch die Gesichter der Bauern sprechen diese Sprache, sie tragen noch heute die Züge der alten Latiner, und ihre sprichwörtliche Freude an üppigen Gelagen mit gutem Wein und reichen Speisen trägt immer noch heidnisch-orgiastische Züge. Davon fühlen sich die dünnblütigen Städter auf der Suche nach echten Gefühlen nach wie vor stark angezogen.

Die Fahrt in die Colli gehört deshalb zum Lebensritual eines jeden Römers. Als erste Bahnlinie hatte der Kirchenstaat im Jahr 1856 die Linie Rom – Frascati legen lassen. Und *treni-tropèa*, »Saufzüge«, nannte man denn auch die Züge, die bis vor wenigen Jahren an Sonntagabenden ganze Horden angesäuselter Wochenendausflügler in die Stadt zurückbrachten. Dann gab und gibt es noch heute die klassischen *ottobrate*, die Oktoberfahrten, wenn das milde Klima Roms sich anschickt, den Sommer scheinbar unendlich zu verlängern und man die reifen Trauben im Schatten der Lauben vor den Wirtshäusern serviert bekommt. In den Dörfern ist das die Zeit der Weinfeste. Das berühmteste feiert Marino, wo die Brunnen des Städtchens in diesen Tagen Wein statt Wasser speien. Auch das hat alte Wurzeln, erinnert an Papst Innozenz X., der anläßlich der Feiern zum Beginn seines Pontifikats die beiden ägyptischen Löwen aus Basalt an der Treppe zum Kapitol Wein spenden ließ, oder an ein Ereignis im 14. Jahrhundert, als aus den Nüstern des Pferdes von Marc Aurel auf dem Kapitol der Wein in Strömen zu Ehren

...ms Cola di Rienzo floß, damals wie heute sehr ...s Gaudium.

...on im alten Rom ein Grundnahrungsmittel. Selbst Sklaven hatten Anspruch auf eine angemessene Ration. Kostenlos verteilt wie Getreide wurde er in Rom allerdings nie, auch wenn danach verlangt wurde.

Nach der *cena*, der Hauptmahlzeit des Tages, legte man sich zu *comissationes* zusammen, häufigen Trinkgelagen, bei denen ein *magister* bestimmte, wie viele gefüllte Becher in einem Zug zu leeren waren. Ziel war wohl weniger die bei griechischen Symposien angestrebte Steigerung der rhetorischen Leistungen oder Höhenflüge der Gedanken als vielmehr ein handfester Rausch mit sexueller Enthemmung. Ihr Ende fanden die Gelage oft in nächtlichem Umherschwärmen, den *comissari*.

In nachchristlicher Zeit beginnt der vormals so geschätzte griechische Wein aus Lesbos, Kos oder Chios an Bedeutung zu verlieren und wird durch italienische Produkte ersetzt, wie den Vesuvine oder den Pompejaner aus vulkanischen Weinbergen oder den gefeierten Massiker und den noch berühmteren Falerner aus dem Norden Kampaniens, ein lagerfähiger Tropfen, den schon Cäsar ausschenken ließ und den sowohl Horaz als auch Martial in den höchsten Tönen lobten. Im Latium selbst wuchsen so bekannte Weine wie der Albaner, der Caecuber, der Setiner oder der Nomentaner. Auf der untersten Qualitätsstufe stand der Vaticaner, der als fast ungenießbar galt.

Auch einen Jahrhundertjahrgang kennen wir: Im Jahr 121 v. Chr. wurde der Opimianer geerntet, ebenfalls ein Falerner, der seinen über Jahrhunderte gerühmten Namen dem damals regierenden Konsul Opimius verdankt. Um herauszufinden, daß auch heute noch, oder besser gesagt wieder, erstklassige Weine in der Gegend um Rom angebaut werden, lohnt sich ein Tagesausflug in die Colli Romani.

Cacciani

Frascati hat bis heute den Charakter der klassischen Sommerfrische bewahrt, seit es im 16. Jahrhundert in Mode kam. Mächtige Familien aus Rom begannen, hier ihre Villen zu bauen. Die beachtlichste unter ihnen war schon immer die der Aldobrandini, einer Familie von Parvenus ohne Adel, die aber, seit einer der Ihrigen 1592 als Clemens VIII. den Stuhl Petri bestieg, über unbegrenzte Reichtümer und riesige Macht verfügte. Die Villa ist bis heute im Besitz der Familie und nur der prachtvolle terrassierte Park am Vormittag dem Publikum zugänglich.

Goethe wurde in der Villa »an einer gut besetzten Tafel festlich bewirtet. Es läßt sich denken«, schreibt er weiter, »daß man das Schloß dergestalt angelegt hat, die Herrlichkeit der Hügel und des flachen Landes mit einem Blick übersehen zu können. Man spricht viel von Lusthäusern; aber man muß von hier aus umherblicken, um sich zu überzeugen, daß nicht leicht ein Haus lustiger gelegen sein könne.«

Aber weniger wegen des »lustigen« Blickes auf Rom in der Ebene und das dahinter in der Abendsonne glänzende Meer wurde Frascati in der Welt bekannt, sondern vielmehr wegen seines Weines, dem man allgemein lustfördernde Wirkung zuschrieb. Der Name des Ortes leitet sich von *frasca* ab, einem belaubten Zweig, den man von einer Eiche, einem Maulbeer- oder Olivenbaum schnitt und damit die Osteria kennzeichnete, in der neuer Wein ausgeschenkt wurde, ganz wie es in Südtirol in dem aus gleichem Grund so benannten Buschenschank geschieht. Der Brauch weist wohl auf die Laubkrone des Weingottes Bacchus zurück.

In der Zeit nach dem letzten Krieg begann allerdings der Ruhm des großen Weines, »mejo de la sciampagna«, besser als Champagner, wie er besungen wurde, stark zu verblassen. Ihm ging es ähnlich wie dem Chianti, er wurde gepanscht, der Ertrag wurde immer höher geschraubt und das geschmacklose Zeug in riesigen Mengen zu Niedrigstpreisen in aller Welt verhökert.

Fritto misto romano
Fritiertes Fleisch und Gemüse auf römische Art

Für 4 Personen

100 g Hirn vom Kalb oder Lamm
100 g Bries vom Kalb oder Lamm
100 g Knochenmark, ausgelöst
100 g Zucchini
100 g Artischockenherzen, junge Artischocken oder Pilze
100 g Apfel
3 Eier
Mehl
2 l Olivenöl

Alles in mundgerechte Stücke schneiden, in den verrührten Eiern wenden, mit Mehl bestäuben und im heißen Öl fritieren. Auf Küchenpapier trocknen und sofort heiß servieren.

Obwohl schon seit 1933 ein Gesetz existierte, welches im Gebiet der Castelli Romani sieben Produktionszonen und die dafür typischen Weine definierte, legte doch erst ein Dekret aus dem Jahr 1966 die Normen für eine kontrollierte Herkunftsbezeichnung der Moste und Weine fest. In der Weinfachsprache ist der Frascati ein Wein von brillanter strohgelber Farbe mit charakteristischem, trockenem Aroma, angenehm leichtem Mandelnachgeschmack und einem Alkoholgehalt von 11,5 Grad, der Frascati Superiore, eine Auslese, mit 12 Grad. Er wird in den Gemeindegebieten von Frascati, Monte Porzio Catone und Grottaferrata angebaut und aus Malvasia- und/oder Trebbianotrauben, im antiken Rom *trebulanum* genannt, gekeltert, möglicherweise unter Hinzufügen von Trauben der Greco-Rebe, deren Name auf ihre Herkunft aus Griechenland hinweist. Andere Weißweine aus den Albaner Bergen, die in ihrer Charakteristik dem Frascati sehr ähneln, tragen die Bezeichnungen Marino, Colli Albani, Colli Lanuvini, Montecompatri Colonna, Velletri und Zagarolo. Unter dem Namen Velletri wird auch ein süffiger Rotwein erzeugt.

Abgesehen von einer Entwicklung in Richtung Qualität, die notwendigerweise auch in dieser Region langsam in Gang kommt, ist für den größten Teil der Römer, die ihren

Sonntag in den weinseligen Lauben verbringen, der Geschmack der Erinnerung das Entscheidende.

»Dentro 'sta boccia trovi er bonumore
che canta l'inni e t'imbandiera er cre.«

»In dieser Flasche findest du gute Laune,
die Lobes singt und dir das Herz bewegt.«

Ganz so, wie ihr Dichter Trilussa ihn besungen hat, bleibt er für sie der Nektar der Fröhlichkeit, der den Nachbarn näher bringt und den Alltag vergessen läßt.

Um so erfreulicher, daß zwar nur wenige, aber doch einige Erzeuger in den letzten Jahren Riesenschritte in Richtung Qualität gewagt haben. Diese Weine einer neuen Generation kann man in der Enoteca Frascati bequem verkosten, wenn man sich den Weg zu den einzelnen Weingütern ersparen will. Die drei jungen Besitzer und Weinfreunde Mauro, Fabrizio und Bruno stellen die Produkte verschiedener Weinphilosophien bereitwillig vor. Da ist der Frascati der traditionellen Linie des Conte Zandotti, dessen Weingut als erstes überhaupt den Frascati in Flaschen abfüllte. Dazu muß man wissen, daß bis 1966 der Frascati nur offen verkauft wurde. Den Beweis, daß auch Massenhersteller Qualität bieten können, tritt das Haus Fontana Candida an. Mit dem

Crostini con la provatura
Überbackene Vorspeise mit Mozzarella

Für 4 Personen

8 Scheiben altbackenes Weizenvollkornbrot
100 g Butter
2 große Mozzarellakugeln
40 g Kapern
4 Sardellenfilets
4 EL süße Sahne
Petersilie

Brot in Scheiben schneiden und je eine Scheibe Brot in 4 feuerfeste, gebutterte kleine Tonschüsseln legen, mit Mozzarellascheiben bedecken, wieder eine Scheibe Brot und nochmals Käse. Im Ofen bei 150 Grad überbacken.
In einem kleinen Topf auf kleiner Flamme die Butter schmelzen, langsam die zerdrückten Kapern, die kleingeschnittenen Sardellenfilets und die Sahne hineingeben und zum Kochen bringen. Vom Feuer nehmen, die kleingehackte Petersilie hinzufügen und über die überbackenen Brote gießen und sofort servieren.

noch immer in die traditionell geformte Flasche abgefüllten Frascati Superiore Santa Teresa ist ein hervorragender Cru gelungen. Auch der Wein, der unter dem Namen Villa Fontana Candida verkauft wird, muß sich nicht verstecken. Er ist eine moderne Interpretation des Frascati, zu der eine Beimischung von Chardonnay die aromatische Frische liefert. Die erfreulichsten Ergebnisse kommen aber aus dem Gut Villa Simone, dessen Besitzer Piero Costantini in Rom selbst eine Enoteca besitzt und der ganz auf chemiefreien Anbau, Reduzierung der Hektarerträge und organische Düngung setzt. Man muß seinen Frascati Superiore Vigneto Filonardi probiert haben, um zu wissen, welche fruchtigen und blumigen Geschmacksnoten in einem Frascati stecken können, und seinen Cannellino, eine Spätlese, dabei alles andere als klebrig süß, um zu verstehen, weshalb man früher den Cannellino volkstümlich bildlich so beschrieb: »non viene da alcun vigneto, è pisciato dagli angeli«, was soviel besagt, wie daß dieser Wein von keiner Rebe stammt, sondern von Engelchen gepinkelt wurde.

Nach soviel Weinkultur wäre etwas zu essen gerade recht. Dazu genügt es, die Straße zu überqueren und sich von der architektonischen Scheußlichkeit des Gegenübers nicht abschrecken zu lassen. Hinter dem unguten Äußeren verbergen sich eine Übernachtungsmöglichkeit, sollte man zuviel getrunken haben, und vor allem die beste *cucina castellana*. Drinnen erwartet einen ein großer lichter Saal mit Blick in die Küche und davor eine wunderbare Terrasse, auf der man, ganz im Goetheschen Sinne, festlich bewirtet wird und die lustigen Blicke bestens schweifen lassen kann.

Das Ristorante Cacciani wurde 1922 von Leopoldo Cacciani gegründet und wird heute von einem namensgleichen Nachkommen in der dritten Generation geführt. Man sitzt inmitten von Leuten, die sich hier wie zu Hause fühlen. Sie bestellen uns unbekannte Dinge wie *crostini con la provatura*, einen mozzarellaähnlichen Frischkäse, wie er früher in den Landwirtschaften der Villen hergestellt wurde, oder

minestra di cicerchie, eine seltene Kreuzung aus Lupine und Kichererbse. Probieren muß man auch eine Pastete aus Lamminnereien oder die *minestra frascatana* mit Nudeln und Kartoffeln. Als Hauptspeisen empfehlen sich das Wildgeflügel oder ein *fritto misto alla romana*, ein Gericht aus der altrömischen jüdischen Tradition, das man selten so leicht und knusprig vorgesetzt bekommt wie hier.

Und sollte man seinem inneren, gefräßigen Schweinehund zuvor noch nicht nachgegeben und an irgendeiner Straßenecke auf der Fahrt hierher den kleinen Hunger mit einer *porchetta di Ariccia* gestillt haben, dann ist das der richtige Zeitpunkt und Ort für diese lokale Spezialität. Von den köstlichen Schweinchen, die mit einem Gewicht von knappen 60 Kilogramm geschlachtet werden, verzehrt man in Frascati allsonntäglich so um die 50 Stück. Sie werden vom *porchettaro* mit frischen Kräutern gut gewürzt und reichlich gesalzen, im Holzofen knusprig gebraten und warm oder kalt auf einem Stück Brot gegessen. Bei Cacciari wird die *porchetta* natürlich höchst appetitlich auf einem Teller angerichtet verzehrt.

Sollte mit Gottes Hilfe danach noch ein freies Eckchen im Magen übrig geblieben sein, so bleibt die Qual der Wahl unter den Süßspeisen, die Leopoldos Schwester so trefflich zuzubereiten weiß. Er selbst liefert aus eigener Produktion das Öl und einen eigenen Wein. Dieser lagert in einem für Frascati typischen Keller, der unter dem Lokal in den vulkanischen Tuff gegraben ist. Heute, im Zeitalter der Kühlschränke, eilen über die steilen Treppen keine *cacciavini* mehr, junge Burschen, die mit viel sportlicher Ausdauer einst für kellerkühlen Wein auf den Tischen sorgten.

Torta di ricotta
Ricottakuchen

Für 4 Personen

1 kg Ricotta-Frischkäse
10 ml Strega (Weinbrand)
10 ml Mistrà oder Sambuca (Anislikör)
10 ml Grand Manier
250 g Zucker
2 Eier
geraspelte Schokolade, zerbröselte Zimt- und Vanillestange, geriebene Zitronenschale
1 Mürbeteigboden, fertig gekauft oder selbst gemacht

Die Zutaten vorsichtig vermischen und in einer Backform auf dem Teigboden verteilen. Im Ofen bei 170 Grad für etwa 1 Stunde backen.

La Briciola di Adriana

Grottaferrata ist eines der schönsten Städtchen der Castelli Romani, nur 20 Kilometer außerhalb von Rom. Zu einem Besuch gehört die Besichtigung der Abtei von San Nilo, gegründet von griechischen Mönchen aus Kalabrien im Jahre 1004, auf den Ruinen einer römischen Villa, wahrscheinlich der des Cicero. Noch heute wird das Kloster von griechisch-orthodoxen Mönchen geführt, in der Kirche die Messe nach ihrem Ritus gefeiert. Geschmückt ist die mit vielen byzantinischen Elementen ausgestattete Kirche darüber hinaus mit Fresken von Domenichino, die das Leben und Wirken des Titelheiligen San Nilo beschreiben. Das Kloster verbirgt sich hinter einer imposanten Verteidigungs-

anlage mit Wällen und Graben, die Kardinal Giuliano della Rovere errichten ließ, als er noch Abt dieses Klosters war und bevor er als Julius II. auf dem päpstlichen Thron in Rom Platz nahm.

Unweit des Klosters findet der hungrige Besucher das einladende Lokal von Adriana Montellanico mit dem originellen Namen, der soviel wie »Adrianas Krümel« bedeutet. Im Sommer ißt man draußen an den wenigen Tischen auf der beschatteten Terrasse vor der Osteria. La Briciola besteht erst seit kurzem, viel länger gibt es dagegen die feine Küche von Adriana. Schon ihre Eltern waren berühmt. Sie waren aus der Etruskerstadt Velletri am Südrand der Albaner Berge nach Rom gekommen und hatten hier in den dreißiger Jahren das legendäre »Gladiatore« am Kolosseum betrieben.

Auch die Tochter stürzte sich ins kulinarische Leben und feierte im »Il Cardinale«, im Zentrum des Renaissanceteils der Stadt gelegen, erste Triumphe. Jetzt ist sie wieder in das Gebiet der Castelli Romani zurückgekehrt, wo sie zusammen mit Ehemann Alberto und ihren Kindern eine kleine, besonders einladende Osteria betreibt. Mit dem jungen Koch Fabio zaubert sie originelle und geschmacklich hochinteressante Gerichte wie *ravioli di baccalà*, mit Stockfisch gefüllte Teigtaschen, oder *gnocchi di melanzane*, die man mit Auberginennocken übersetzen könnte. Aber ihre besondere Aufmerksamkeit gilt der Küchentradition der Castelli und daher Gerichten mit Zucchini oder *funghi porcini*, Steinpilzen aus den Wäldern ringsum, die sie beide *alla velletrana* zubereitet, der Dinkelsuppe, *zuppa di farro*, den Linsen, die *lenticchie* genannt werden oder den Bohnen, die sie zu einer herrlichen *zuppa di fagioli con la finocchiella selvatica*, mit wildem Fenchel also, verarbeitet. Besonderen Wert legt sie auch auf den Umgang mit einheimischen Küchen- und Wildkräutern, was sie in Kreationen wie ihren *farfalle al verde*, den grünen Kräuterschmetterlingsnudeln, zeigt. Und da die Portionen glücklicherweise magenschonend klein sind, darf man sich auch ihre besonderen Nachspeisen nicht

entgehen lassen, allen voran das Blätterteiggebäck *millefoglie*. Natürlich ist bei Adriana auch der Wein ein Thema, und in ihrem Angebot findet sich alles, was sich an hiesigen Tropfen zu probieren lohnt. Besonders am Herzen liegt ihr dabei der ausgezeichnete Wein aus Marino, den ihre enge Freundin Paola di Mauro zu erzeugen weiß. Deren Weingut Colle Picchioni liegt zwischen Berninis Kuppel von Castel Gandolfo, der Sommerresidenz des Papstes, und der von Michelangelo, die man beide von ihrem Haus aus sieht, letztere allerdings nur an klaren Tagen, über den Dunstschwaden der Stadt schwebend. Ihre Tätigkeit als Winzerin begann mit dem Unmut, den der Wein in ihr erzeugte, den ein Bauer aus ihrem kleinen Weinberg hervorbrachte. Inzwi-

Farfalle in verde
Grüne Schmetterlingsnudeln

Für 4 Personen

1 weiße Zwiebel
1 Stange Staudensellerie
1 Peperoncino
4 EL Olivenöl extra vergine
Salz
400 g grüne, unreife Tomaten
verschiedene aromatische Kräuter (Adriana verwendet viel Basilikum, römische Minze, etwas frischen Majoran und Thymian)
320 g grüne Schmetterlingsnudeln (z. B. De Cecco)
50 g geriebener Hartkäse

Öl in der Pfanne erhitzen, kleingehackte Zwiebel und Sellerie sowie den ganzen Peperoncino und etwas Salz hinzufügen. Leicht anbräunen und dann die in Scheiben geschnittenen Tomaten dazugeben, zudecken und auf kleiner Flamme kochen bis die Tomaten fast weich gekocht sind. Jetzt alle feingehackten Kräuter unterrühren und noch 1 Minute kochen lassen. Vom Feuer nehmen, etwas abkühlen lassen und anschließend in einem Mixer passieren.
Die Nudeln al dente kochen, abgießen, dabei etwas Kochwasser auffangen. Die Nudeln mit der Kräuter-Tomatensauce und etwas Nudelwasser in der Pfanne schwenken, den Käse darunter mischen und servieren.

schen ist Signora Paola ein vielbewundertes Phänomen in der italienischen Weinszene. Zusammen mit ihrem Sohn Armando gelingen ihr Jahr um Jahr für die Gegend und die winzige Betriebsgröße ganz ungewöhnlich gute Weine. Die Palette der Weißweine reicht vom typischen Marino *etichetta verde* über den Marino *selezione oro*, eine Auslese, zum fruchtigen »Le Vignole« mit einem schönen, leicht nach Vanille duftenden Holzton. Daneben gibt es einen »Colle Picchioni rosso« und den bemerkenswerten »Vigna del Vassallo«, einen Cabernet Sauvignon mit Merlot, der teilweise im Barriquesfaß ausgebaut wurde. Paola, die selbst eine ausgezeichnete Köchin ist, serviert dazu einen kräftigen

Braten, natürlich nur mit ihrem eigenen vorzüglichen Olivenöl zubereitet, während Freundin Adriana ihn gern zu Flugwildgerichten empfiehlt. Und noch einen Weingeheimtip kann man bei Adriana bekommen: In der Gemeinde von Grottaferrata hat sich ein ehemaliger Politiker aufs Weinmachen verlegt. Sein »Frascati Superiore Vigna Adriana« ist nicht nur wegen der Namensgleichheit mit unserer Wirtin eine Probe wert, auch die anderen Produkte aus dem Weingut Castel de Paolis, darunter auch ein »Muffato« genannter Dessertwein, lassen einiges für die Zukunft erwarten.

Fagottini della Briciola
Gefüllte Kalbsfilettaschen

Für 4 Personen

600 g Kalbsfilet
200 g Räucherkäse (provola bzw. scamorza fresca affumicata)
100 g dünne Scheiben Bauchspeck, nicht geräuchert
8 EL Olivenöl extra vergine
10 g Origano
Saft einer Zitrone
1 Knoblauchzehe
Salz, Pfeffer
einige Blätter Rucola

Fleisch kurz anfrieren, um es dann leichter mit der Schneidemaschine in feine Scheiben schneiden zu können. Die Scheiben ausbreiten und jede mit einem Stückchen Käse belegen. Das Fleisch von vier Seiten zu Taschen zusammenlegen und mit einer Scheibe Bauchspeck umwickeln. Unter einem Grill von beiden Seiten garen.
In einer kleinen Schüssel Öl, Origano und Zitronensaft gut verrühren, salzen, pfeffern und die ganze Knoblauchzehe dazugeben. Etwa 4 Fleischtaschen pro Person auf die Teller legen, Sauce darüberlöffeln und mit Rucola garnieren.

O DI DIANA

Lisa e Lisa

Nemi ist vielleicht das schönste Dorf der Castelli Romani, amphitheaterartig an den Hang über dem Nemisee gebaut. Hierher hatte sich die Familie Ruspoli zurückgezogen, deren mittelalterliches Kastell mit dem eigenartigen runden Turm immer noch das Bild des Dorfes prägt. Kurzzeitigen Ruhm erlangte Nemi, als man in den dreißiger Jahren unseres Jahrhunderts die beiden riesigen römischen Schiffe barg, die seit der Antike auf dem Grund des Sees lagen. Einst waren sie enormes kaiserliches Spielzeug, erbaut im ersten nachchristlichen Jahrhundert wahrscheinlich von Caligula, den seine Soldaten nach seinem Schuhwerk so nannten, nur zu dem einzigen Zweck, rauschende Feste darauf zu feiern. Die Bewohner von Nemi wußten immer von den Ungetümen, die man von der Höhe ihres Dorfes aus im klaren Wasser liegen sehen konnte. Erst unter Mussolini war wieder Größe angesagt. Der See wurde um neun Meter gesenkt, und die nutzlosen Riesenkähne, die über allen nur erdenklichen Luxus von Wasserleitungen bis Mosaikfußböden verfügten, wurden aus dem Schlamm gezogen. Man baute ihnen eine überdimensionale Halle am Ufer des Sees und zeigte sie Besuchern aus aller Welt. In den Kriegswirren geriet die Halle in Brand, und mit ihr verbrannten die Schiffe. Heute führt ein bescheidenes Sträßchen hinunter zum See und zum noch immer so genannten »Museo delle navi romane«. Darin kann man noch zwei Modelle der Schiffe, einige Metallteile, die den Brand überstanden haben, und allerlei Fotos von der Bergung der Schiffe bewundern.

Aber viel besser passen zu der Ruhe hier unten die Reste des Tempels der Jagdgöttin Diana, der der See geweiht war. Der heilige Wald um die überwucherte Ruine herum spiegelt sich im immer klaren, nie bewegten See, den man deshalb bis heute *specchio di Diana*, Spiegel der Diana nennt.

Was Wunder, daß man im Reich der Diana das ganze Jahr hindurch allerlei Wildgerichte auf den Speisekarten der Gasthäuser findet, allen voran die Spezialität von Nemi, die *tagliatelle alla lepre*, Eierbandnudeln mit Wildhasenragout.

Tagliatelle alla lepre
Eierbandnudeln mit Wildhase

Für 4 Personen

400 g Wildhasenfleisch, vom Knochen gelöst
30 g Butter
3 Scheiben Bauchspeck
1 kleine Zwiebel
1 Stange Staudensellerie
Salz, Pfeffer
1 EL Mehl
20 ml Rotwein
½ l Brühe
400 g Tagliatelle
Parmesan, gerieben

Das Fleisch in Stücke schneiden. In der Butter kleingeschnittenen Speck, Zwiebel und Sellerie anbräunen und das Fleisch dazu geben, salzen und pfeffern. Das Fleisch gut anbraten, dann mit dem Mehl bestäuben. Die gemehlten Stücke etwas anbräunen, dann den Wein dazugießen. Den Wein verdunsten lassen und die Brühe angießen. Zudecken und garkochen, dabei entsteht eine sämige Sauce. Die Nudeln al dente kochen und in der Sauce wenden, mit Parmesan überstreuen und servieren.

Schon die alten Römer hatten in der Gegend *leporaria* errichtet, Hasengatter. Aus dem 1. Jahrhundert v. Chr. wird von solchen berichtet und, daß sie sich über mehr als zehn Hektar ausdehnten. Man errichtete Zäune auch, um Wildziegen, Hirsche und Wildschweine zu züchten, und Wildschweinwürste oder -schinken nebst allerlei anderen Spezialitäten kaufen die Römer bis heute gern hier oben. Um sich einen Überblick über das Angebot zu verschaffen, muß man in die Norcineria Castelli an der Piazza Roma gehen. Ein fast unglaublicher Anblick, was da alles von der Decke hängt und in den Vitrinen liegt. Ein Ort, um Vegetarier zu bekehren oder zum Vegetarier zu werden. Die *norcinari* waren übri-

gens Metzger aus dem umbrischen Städtchen Norcia, nahe der Grenze zum Lazio. Es handelt sich um während der Völkerwanderung in die dichten Wälder Umbriens vorgedrungene Langobarden, die sich mit all ihrem Wissen um Schweineaufzucht und Fleischbehandlung hier niederließen. Sie kamen schon sehr früh nach Rom und waren am päpstlichen Hof immer sehr willkommen. Und für einen Metzger gab es keine bessere Empfehlung, als aus Norcia zu sein.

Eine immer sichere Empfehlung bei Lisa e Lisa, nur einige Schritte von der Norcineria entfernt, sind die besonders herzhaften *tagliatelle alla lepre*. Eine der Lisen macht die tagesfrischen Nudeln, die zweite kocht mit unendlicher Hingabe den *sugo*, wie man Nudelsauce nennt, immer wieder aufs neue und von stets gleicher Qualität. Denn so wie beide Schwestern den gleichen Namen tragen, den der Mutter, die bei der Geburt der zweiten starb, so setzt man an diesem besonderen Ort auf immer gleichbleibende Güte, auf die Traditionen und nicht auf den Wandel, den man als zur Stadt gehörend empfindet und um den man die Städter nicht mehr, wie noch vor einigen Jahren, beneidet. Das Lokal der beiden Schwestern, das sie zusammen mit Ehemännern und Kindern betreiben, liegt in unbeschreiblich schöner Lage mit einer wunderbaren Terrasse hoch über dem See. Von hier aus geht der Blick über das Dorf Genzano am gegenüberliegenden Kraterrand bis zum Horizont jenseits der römischen Ebene, wo man abends die Sonne ins Meer versinken sieht. Innen sitzt man um die einsehbare Küche mit der offenen Feuerstelle und dem Holzfeuerofen, dem

Broccoli al vino

Broccoli in Wein

Für 4 Personen

1 Broccolo
4 EL Olivenöl extra vergine
2 Knoblauchzehen
1 Peperoncino
Salz
½ l Rotwein

Den Broccolo in Stücke zerteilen, im Öl zusammen mit Knoblauch und Peperoncino anbräunen und salzen. Mit Wein übergießen und zugedeckt auf kleiner Flamme kochen lassen, bis das Gemüse gegart ist. Kann als Beilage oder als Vorspeise, kalt oder warm gegessen werden.

Aktionsradius von Francesco, der über der Glut das saftige Fleisch immer genau auf den Punkt grillt und im Ofen dazu die Rosmarinkartoffeln brutzelt. Steinpilze findet man in den Wäldern noch in rauhen Mengen und deshalb in der Osteria die entsprechenden Gerichte fast während des ganzen Jahres. Das Wild kommt heute aus der Toskana, wo es der Principe Torlonia in seinen Gattern hegt. Aber ganz bestimmt aus Nemi sind die wunderbaren Walderdbeeren, die *fragoline di bosco*. Die Pflanzen holte man aus den Wäldern und pflanzte sie an sonnige Plätze und in Treibhäuser in die fruchtbare Vulkanerde an den Hängen des Sees. Zusammen mit Blumen bilden sie heute den Haupterwerbszweig des Ortes. Im Monat Juni sind sie besonders gut, Grund genug, um alle Freunde dann zum Erdbeerfest zu laden. Überall im Dorf werden sie angeboten, und in der zentral gelegenen »Bar delle fragole« kann man sie in allen nur erdenklichen Zubereitungen bestellen – selbstverständlich mit Eis, Sahne oder Zitrone, aber auch mit Wein oder Likören und vielem mehr.

Zwischen den Walderdbeeren wächst ein aromatisches Kraut, das die Einheimischen *sardorea* nennen, eine Art wilder Majoran, mit dem bei Lisa e Lisa eine duftende,

deftige Bohnensuppe zubereitet wird. Deren einzigartigen Duft kann man nirgends so wie hier oben wahrnehmen, wo die Luft rein und klar ist. Aus diesem guten Grund hat man ja die stinkende Stadt für einen lauen Sommerabend oder einen klaren Frühlings- oder Herbsttag verlassen.

Minestra di fagioli
Bohnensuppe

Für 4 Personen

500 g weiße Bohnen (trockene über Nacht einweichen)
1 Kartoffel
2 Stangen Staudensellerie
3 Eiertomaten
2 Karotten
etwas *sardorea* aus Nemi (ersatzweise Majoran)
1 Peperoncino
10 EL Olivenöl extra vergine
200 g feine Eiernudeln
50 g geriebener Parmesan

Einen Topf mit Wasser füllen und die Bohnen dazugeben, die Kartoffel, Sellerie, Tomaten und Karotten kleinschneiden und hinzufügen, ebenso den Majoran und den Peperoncino.
Den Topf aufs Feuer stellen und das Wasser zum Kochen bringen. Noch kein Salz dazugeben, da dieses den Kochvorgang der Bohnen verlangsamt. Erst salzen, wenn das Wasser zur Hälfte aufgenommen und verdunstet ist, dann auch das Öl dazugießen. Wenn die Bohnen weich sind, die Nudeln dazugeben und diese al dente kochen. Mit Parmesan vermischen und servieren.

Ristorante Antiche Terme di Diana

Auf einer altrömischen Grabinschrift, die ihr Mann der »süßen, lieben« Verstorbenen gewidmet hat, lesen wir von der »weithin berühmten Schankwirtin Anemone, deretwegen viele Gäste nach Tibur zu kommen pflegten«.

Das antike Tibur, dessen Ursprünge wohl älter sind als die Roms, heißt heute Tivoli und ist ein beschauliches Städtchen kaum 30 Kilometer östlich der Hauptstadt. Es liegt an der Stelle, an der der Fluß Aniene über die letzten Kalkkaskaden in die römische Campagna stürzt, um dann in den Tiber zu münden. Bis heute speist der Fluß die über 500 Brunnen und Brünnchen, Wasserfälle und Wasserspiele der Villa d'Este, die als Ausflugsziel so berühmt ist, daß ihre Besucherzahlen höher liegen als die des Forum Romanum und zahllose Vergnügungsparks und mondäne Parkanlagen auf der ganzen Welt den Namen Tivoli tragen. Als einige Amerikaner kürzlich erstmals von dem uralten Anagramm Roma – Amor hörten, haben sie umgehend Tivoli – I lov(e) it erfunden, etwas holprig zwar, aber um so sympathischer.

Natürlich gehört zu einem Besuch in Tivoli auch die Besichtigung der einzigartigen Villa Adriana, einem der faszinierendsten monumentalen Komplexe der Antike, die erhalten geblieben sind. Die zwischen 118 und 134 n. Chr. entstandene Villa des Kaisers Hadrian würde man nach unserem heutigen Verständnis wohl eher Hadriansstadt nennen, angesichts eines 126 Hektar großen Areals, das neben dem kaiserlichen Palast auch Thermen, Bibliotheken, Theater und architektonische Gartenanlagen samt kleinerer Villen und Wohngebäude umfaßte. Entsprungen ist das faszinierende Szenarium der reichen Vorstellungskraft des Monarchen, der selbst in den bildenden Künsten und in der Architektur dilettierte. Er hat die Eindrücke umgesetzt, die er von Reisen durch sein Imperium mitbrachte, hat modernste Bautechniken erprobt und mit zahlreichen Stilzitaten seine hellenistische Bildung demonstriert. So erinnert ein Säulenumgang um ein Kühle spendendes Wasserbecken mit seinem Namen Pecile an die Stoa Poikile, einen Portikus in

Athen, an dessen Wandmalereien alle bedeutenden Künstler der Polis mitgewirkt hatten. Er war der Lieblingsaufenthalt der stoischen Philosophen, deren Lehren es entsprach, einem guten Essen einen Spaziergang teils in der Sonne, teils im Schatten folgen zu lassen.

Die Bezeichnung für den Portikus ist zwar nicht aus der Antike belegt, aber selbst die Nord-Süd-, und damit Sonnen-

Schattenlage spricht für ein solches architektonisches Zitat. Sicher ist dagegen die antike Namensgebung des Canopus-Tals, der Nachbildung eines Tales bei der ägyptischen Stadt Alexandria, dessen landschaftliche Schönheit und dessen Serapistempel schon der römische Geograph Strabo rühmte.

Der Kaiser verband mit diesem Ort die Erinnerung an den tragischen Tod seines jugendlichen Freundes Antinoo im Jahr 130 n. Chr. In Ägypten pflegte man an solchen Nilarmen Lauben zu errichten und mit Gelagen im Freien die Götterfeste zu feiern. Nach seiner Rückkehr nach Rom 134 n. Chr. ließ der Kaiser in einer künstlich angelegten Senke das Canopus-Tal in einem langen, schmalen Wasserbecken stilisieren, es mit Kopien nach den berühmtesten Statuen Griechenlands und ägyptisch inspirierten Bildwerken schmücken, darunter auch mit der Statue des Antinoo, die sich heute in der Ägyptischen Sammlung in München befindet. Am Ende des Tales errichtete man ein großes Nymphäum, in dem man die heißesten Sommertage in angenehmer Kühle neben rauschenden künstlichen Wasserfällen verbringen und auf einem Triclinium speisen konnte, den typisch römischen Ruhebetten, die in diesem Falle um ein Becken herum aufgestellt waren, auf dessen Wasserspie-

Piccione alla leccarda

Taube in Weißweinsauce

Für 4 Personen

2 große Tauben
6 EL Olivenöl extra vergine
2 Knoblauchzehen
1 Zwiebel
50 g Bauchspeck
200 ml Weißwein
2 EL Essig
2 Blätter Salbei
50 g Kapern
100 g schwarze Oliven, entsteint
½ Zitrone in Scheiben

Die Tauben halbieren, Öl in einen Topf geben, Knoblauchzehen mit dem Handballen zerdrücken, Zwiebel kleinhacken, Bauchspeck in Streifen schneiden und mit allen restlichen Zutaten in den Topf füllen. Zugedeckt auf mittlerer Flamme etwa 40 Minuten garen, Tauben herausnehmen, Rest passieren und die Tauben mit dieser cremigen Sauce übergossen servieren.

Pasta e ceci
Nudelsuppe mit Kichererbsen
Für 4 Personen

300 g Kichererbsen, über Nacht eingeweicht
4 Knoblauchzehen
6 EL Olivenöl extra vergine
2 Rosmarinzweige
4 Sardellenfilets
Salz, Pfeffer
200 g kleine Röhrennudeln

Die Kichererbsen in 2 Litern kalten Wassers zusammen mit einem Rosmarinzweig und 2 Knoblauchzehen aufsetzen und für zirka 2 ½ Stunden kochen lassen. Etwa zur halben Kochzeit in einer Pfanne mit Öl und einem Rosmarinzweig 2 weitere Knoblauchzehen anbräunen, die Sardellenfilets hinzufügen und auflösen. Alles zur Suppe geben, salzen und pfeffern. Wenn die Kichererbsen weich sind, Knoblauch und Rosmarin entfernen, die Nudeln dazugeben und al dente kochen. Die sämige Suppe mit etwas Olivenöl beträufeln, nochmals pfeffern und servieren.

gel man Schiffchen oder hölzerne Vögel voller Früchte und anderer Erfrischungen herumschwimmen ließ. Daß diese sogar eisgekühlt waren, läßt sich aus Funden von Höhlen schließen, die man tief in den Tuff gegraben hatte, um den Schnee zu konservieren, der im Winter von den Bergen des Apennin herangeschafft wurde.

Nach dem Besuch dieser beeindruckenden Zeugnisse römischer Lebensart wird die Lust auf eine Pizzeria oder auf ein modernes aseptisches Ristorante wohl noch geringer sein als sonst. Zum Glück bietet sich in Tivoli ein nahtloserer Übergang an. In der Osteria Antiche Terme di Diana im oberen Teil der Altstadt ißt man innerhalb eines weiteren archäologischen Komplexes, und zwar im Unterbau der öffentlichen antiken Thermen von Tibur, in deren Nähe auch der Diana-Tempel stand. Die unterirdischen Räume hat Giuseppe Carli wieder nutzbar gemacht, ein sympathischer Wirt aus Umbrien, der in den sechziger Jahren sein Geschäft mit einem Pizzaverkaufsstand begann und deshalb von allen noch »Beppe lu pizzettaru« genannt wird. 1975 war er dann soweit, sich einen Raum für ein Restaurant leisten zu können, und zu seiner Überraschung stieß er während der Umbauarbeiten auf altrömische Wände mit *opus reticulatum*, auf Fußböden mit uralten Terrakottaplatten und auf zwei große Hallen, deren Gewölbe von Tuffsteinpfeilern getragen wurden. Das Denkmalamt gab seinen Segen, und so kann man heute in antiken Mauern der Tageshitze entfliehen und küchenarchäologische Studien betreiben. Beppes Ehefrau Anna kocht so, wie man in den alten Osterie früher überall gekocht hat; zu Mittag gibt es, für jeden Wochentag und für alle, ein bestimmtes Gericht. Und so sieht der allwöchentliche Speiseplan aus:

Montag: *bucatini all'amatriciana, coda alla vaccinara*
Dienstag: *rigatoni con la pagliata, fagioli con le cotiche*
Mittwoch: *gnocchi di patate, castrato*
Donnerstag: Ruhetag

Freitag: *pasta e ceci, baccalà*
Samstag: *pasta e fagioli, trippa alla romana*

Wenn man dann noch die Preise sieht, möchte man eigentlich die ganze Woche bleiben. Einschließlich Sonntag, denn dann kocht Anna, ebenso wie jeden Abend, Spezialitäten aus Umbrien, wie *piccione alla leccarda,* oder Leckerbissen aus Tivoli, wie *pasta e ceci* oder *salsicce con le olive,* wozu sie nur die einheimischen Oliven verwendet, die einen unverwechselbaren, leicht bitteren Geschmack aufweisen.

Tivoli ist eine der wenigen Gegenden des Lazio, in der seit der Antike ausgedehnte Olivenhaine existieren, die schon Horaz beschrieb, der von der bevorzugten klimatischen Lage und der klaren Luft der Gegend schwärmte und hoffte, hier seine letzten Tage verbringen zu können. Auch von zwei autochthonen Rebsorten berichtet er, die man heute noch finden kann; dem Pizzuttello, dessen Trauben spitz zulaufen, wie der Name schon sagt, und dem Pergolese, einer roten Sorte, herrlich erfrischende Speisetrauben, die Beppe zu entsprechender Jahreszeit selbstverständlich seinen Gästen serviert.

Trattoria al Monumento

Die Ausgrabungen von Ostia üben auf den Besucher eine unwiderstehliche Faszination aus. Ein nicht unwesentlicher Teil geht auf das Konto der prächtigen mediterranen Vegetation, die den Rahmen bildet für die morbide Schönheit der antiken Ruinen. Im Lateinischen bedeutete *ostium* soviel wie Flußmündung, daher dann der Name für den römischen Hafen an der Mündung des Tiber. Die Entwicklung dieser Stadt lief mit der Roms parallel. Sie war der Handelshafen der Metropole und zählte zur Kaiserzeit mehr als 100.000 Einwohner. Ihrer Größe und Bedeutung als Warenumschlagsplatz entsprachen auch die zahlreichen öffentlichen Gebäude und stark frequentierten Hauptstraßen. Diese waren voller Geschäfte, Werkstätten und Tavernen, die man *cauponae* nannte, Ahnherren der Osterie und noch heute in den Gebäuderesten deutlich zu erkennen. Der Inhaber hieß *caupo*, und von dieser Bezeichnung leitet sich unser deutsches Wort *Kauf*mann ab, vermittelt durch die Schank- und Kantinenwirte, die die römischen Legionen auch nach Germanien begleiteten und die mit Wein und allerlei Waren Handel trieben.

Die Schenke eines gewissen Fortunatus, an der Kreuzung des *decumano massimo* mit der Via della fontana pubblica gelegen, hatte mehrere Eingänge und war mit einem Mosaik geschmückt, das folgende Inschrift trug: Dicit Fortunato: vinum cratera cum sitis bibe, in der also die Aufforderung des Besitzers mitgeteilt wurde, bei Durst einen guten Schluck Wein aus dem Mischkrug *cratera* zu trinken oder, wie man auch übersetzen könnte, einen Wein aus dem Krater, also von den berühmten Lagen an den Vulkankratern südlich Roms.

Wer sich dagegen weder zum Essen setzen wollte, wie es in den einfachen *cauponae* üblich war, noch sich legen, wozu die etwas vornehmeren Gelegenheit boten, der ging, wie noch heute in Italien üblich, in ein *thermopolium*, eine Art Bar. Gut erhalten hat sich eine solche im sogenannten »Haus der Diana«. Hier gab es einen Marmortresen in Hufeisen-

form, dahinter Marmorregale in der Wand, und man trank im Stehen Getränke, die mit heißem Wasser, worauf das *thermo* im Namen hinweist, zubereitet wurden.

Um nach dem Besichtigungsrundgang durch antike Straßen und Gassen, im Schatten von Schirmpinien und Zypressen, eine Osteria der Gegenwart zu finden, brauchen die müden Beine zum Glück nicht weit zu gehen. Heute trägt ein kleines Dorf gleich beim Ausgrabungsareal den Namen Ostia Antica. Der romantisch verträumte Flecken liegt neben einem mächtigen Kastell, das Papst Julius II. erbauen ließ, und ist von einer hohen Wehrmauer umfriedet. Unmittelbar vor dieser Mauer liegt »Al Monumento«. Der Name leitet

Mazzancolle al coccio
Garnelen im Tontopf

Für 4 Personen

500 g große Garnelen
Mehl
6 EL Olivenöl extra vergine
200 ml Weißwein
100 ml Cognac
Saft einer halben Zitrone
Salz, Pfeffer

Die Garnelen schälen, Kopf und Schwanzende dranlassen. Leicht mit Mehl bestäuben. Das Öl in einen feuerfesten Tontopf gießen und die Garnelen hineinlegen. Erhitzen und beidseitig anbraten, bis sie eine schöne rosa Farbe haben. Wein und Cognac angießen, salzen, pfeffern. Die Flüssigkeit zu $4/5$ einkochen lassen, Zitrone hinzufügen und servieren.

sich von keinem antiken Monument ab, wie man es an dieser Stelle fast naturgegeben erwarten könnte, sondern von einer Gedenktafel an der Festungsmauer, die an 500 fleißige Tagelöhner aus der Romagna erinnert, die sich, zusammen mit 50 Frauen, vor 110 Jahren aus der Region südlich des Po-Deltas hierher gekommen waren und das versumpfte, malariaverseuchte Schwemmland an der Tibermündung urbar machten. Eine der Frauen war unter dem Spitznamen »Maiuta« bekannt, was besagt, daß sie die Rolle der Hebamme in der kleinen Gemeinschaft übernommen hatte. Sie hatte aber noch eine weitere Gabe, die von allen geschätzt wurde. In einem halbverfallenen Jagdhaus setzte sie den Kamin wieder in Gang und begann, darin zu kochen. Das war

Calamaretti affogati
Kleine Kalmare, gedünstet

Für 4 Personen

300 g Kalmare (etwa Daumengröße)
2 EL Olivenöl extra vergine
20 ml Essig
Saft einer halben Zitrone
Salz, Pfeffer

Die gut gewaschenen Tintenfische in eine Pfanne mit Öl geben, ⅔ des Essigs darübergießen und erhitzen. Die von den Kalmaren abgegebene Flüssigkeit einkochen lassen, nochmals etwas Essig, Salz und Pfeffer dazugeben und weitere 5 Minuten ziehen lassen. Den Zitronensaft dazugeben und servieren.

Spaghetti al Monumento

Spaghetti nach Art des Hauses

Für 4 Personen

500 g Miesmuscheln
300 g Venusmuscheln
6 EL Olivenöl extra vergine
1 Knoblauchzehe
400 g Spaghetti
Petersilie

In zwei Töpfe je etwas Öl geben und getrennt die Miesmuscheln und die Venusmuscheln erhitzen, bis sie sich öffnen. Die Flüssigkeit, die aus den Muscheln austritt, im Falle der Venusmuscheln aufbewahren, die der Miesmuscheln wegschütten. Das Muschelfleisch auslösen. In einer Pfanne Öl erhitzen und Knoblauch leicht anbräunen. Muscheln und Flüssigkeit dazugeben, auf kleinster Flamme zirka 20 Minuten sieden ohne zu kochen. Die al dente gekochten Spaghetti darin wenden, feingehackte Petersilie darüberstreuen, servieren.

die Geburtsstunde der heutigen Osteria, die bis in unsere Tage von einem der Nachfahren Maiutas, dem sympathischen Giancarlo Conti geführt wird. Der Kamin ist zwar modernisiert, er befindet sich aber immer noch an derselben Stelle wie vor einem Jahrhundert und ist nach wie vor in Betrieb. Ungebrochen ist auch der alte Pioniergeist der »Familie aus der Romagna in Rom«, die sich noch immer alljährlich am 25. November an diesem Kamin trifft, um »Il Natale di Ostia«, die Wiedergeburt der kleinen Stadt zu feiern. Zu diesem hochoffiziellen Anlaß kam einst selbst Mussolini, trotz der erklärten politischen Gegnerschaft seiner Landsleute, und natürlich durfte in jüngerer Zeit Federico Fellini nicht fehlen, auch er ein reinblütiger Romagnolo. Ihn zog es oft hier hinaus, um die Geschmackserinnerungen an seine Heimat zu genießen, zu der er zeitlebens eine enge Beziehung empfand – oft genug auch Thema seiner Filme.

Noch heute werden zu besonderen Anlässen die klassischen Gerichte der Romagna aufgetragen. Ansonsten dominiert, naturgegeben, der köstlich zubereitete frische Fisch aus dem nahen Meer die Speisekarte.

Roma, vale!

Abschied von Rom zu nehmen ist eine in zahlreichen Varianten vorexerzierte Übung. Der Abschiedsgruß: »Roma, vale!« taucht zu Beginn des 13. Jahrhunderts in einem Gedicht des englischen Poeten Alexander Neckham ganze 13 Mal auf, das mit leichter Selbstironie so endet:

»Doch damit ich nicht zu tändeln scheine, indem ich so oft wiederhole: Rom, lebe wohl!, hör ich nun auf zu sagen: Rom, lebe wohl!«
Gut hundert Jahre später grüßt Petrarca Rom mit diesen Worten. Seit Monteverdis Oper »L'incoronazione di Poppea« wird der Abschied auch musikalisch vorgetragen. In deutscher Sprache schreibt der Barockdichter Andreas Gryphius sein Sonett »Als er aus Rom geschiedn«, der Naturalismus ist durch Gerhart Hauptmann vertreten, und Joseph von Eichendorffs romantischer »Taugenichts« darf in dieser Reihe ebenfalls nicht fehlen.

Bemerkenswert ist, daß Goethe seine »Italienische Reise« mit einer Schilderung des Abschieds von Rom beschließt, die diesen Moment zum Mythos überhöht. Einfacher, persönlicher, vielleicht auch schöner war eine erste Fassung, die er am 31.8.1817 niederschrieb, später aber verwarf. Ein Stückchen aus dem inoffiziellen Teil von Goethes Rom-Erinnerung erscheint uns daher auch als der rechte Abschied von den heimeligen Kneipen des »inoffiziellen« Rom, das wir unseren Lesern näherzubringen versucht haben. Im Gegensatz zum vagabundierenden Herrn Geheimrath hegen wir modernen Reisemenschen dabei jedoch die Hoffnung auf eine oftmalige Rückkehr.

»Bei meinem Abschied aus Rom empfand ich Schmerzen einer eigenen Art. Diese Hauptstadt der Welt, deren Bürger man eine zeitlang gewesen, ohne Hoffnung der Rückkehr zu verlassen, giebt ein Gefühl, das sich durch Worte nicht überliefern läßt. Niemand vermag es zu theilen als wer es empfunden. Ich wiederholte mir in diesem Augenblicke immer und immer Ovids Elegie, die er dichtete als die

Erinnerung eines ähnlichen Schicksals ihn bis ans Ende der bewohnten Welt verfolgte. Jene Distichen wälzten sich zwischen meinen Empfindungen immer auf und ab … Doch scheute ich mich auch nur eine Zeile zu schreiben, aus Furcht, der zarte Duft inniger Schmerzen möchte verschwinden. Ich mochte beinahe nichts ansehen, um mich in dieser süßen Qual nicht stören zu lassen. Doch gar bald drang sich mir auf wie herrlich die Ansicht der Welt sey, wenn wir sie mit gerührtem Sinne betrachten. Ich ermannte mich zu einer freieren poetischen Thätigkeit.«

Roma, vale!

Römisches Küchenlexikon

a	abbacchio	Lamm
	abbacchio brodettato	Lamm mit Eiersauce
	agretti	gedünstete Gartenkresse
	alloro	Lorbeer
	amatriciana	Nudeln mit Speck und Tomaten
	anguilla	Aal
	animelle	Bries
	arzilla	Rochen
b	beccaccia	Schnepfe
	baccalà	Stockfisch
	bietola	Mangoldgemüse
	bombolotti	dicke Makkaroni
	broccoletti	Rübensprossen
	bruschetta	geröstetes Brot mit Olivenöl und Knoblauch
	bucatini	Spaghetti mit Loch
c	cacio (caciotta)	Schafskäse
	cannellino	Dessertwein
	capitone	großer Aal
	capretto	Zicklein
	carbonara	Nudeln mit Eier-Speck-Sauce
	carciofi alla giudia	fritierte Artischocken
	carciofi alla romana	gedünstete Artischocken
	carrettiera	Nudeln mit Thunfischsauce
	castrato	Hammel
	cavatelli	spätzleartige Eierteigwaren
	cazzimperio	rohes Gemüse mit Öl
	ceci	Kichererbsen
	cervello	Hirn
	cime di rapa	Rapssprossen
	cinghiale	Wildschwein
	ciriole	kleine Aale aus dem Tiber
	coda alla vaccinara	Ochsenschwanz mit Tomaten
	coratella	Lamminnereien
	cotiche	Schwarte
	crescione	Brunnenkresse
f	farro	Dinkel
	fave	Saubohnen
	fettuccine	breite Eierbandnudeln
	fiori di zucca	Zucchiniblüten
g	gnocchi alla romana	Griesklöße
	granelli	Hoden
	gricia	Nudeln mit Speck und Käse
	guanciale	Schweinebacke
l	lenticchie	Linsen
	lepre	Wildhase
	lingua	Zunge
	luccio	Hecht
	lumache	Schnecken
m	maritozzo	Hefegebäck
	mazzancolle	Garnelen
	misticanza	gemischter Wildsalat
	monte bianco	Kastanienpüree
p	pajata (pagliata)	Kalbsgekröse
	pecorino	Schafskäse
	pernice	Rebhuhn
	pinzimonio	rohes Gemüse mit Öltunke
	pizza romana	Pizzabrot
	porchetta	Spanferkel
	provatura	Frischkäse aus Büffelmilch
	puntarelle	Zichoriensalat
r	regaglie di pollo	Hühnerinnereien
	rigatoni	Röhrennudeln
	rognone	Nieren
	romanella	Dessertwein
	ruchetta (rughetta)	Salatrauke
s	saltimbocca	Kalbsmedaillon mit Schinken und Salbei
	sardorea	wildes Küchenkraut
	scamorza	Räucherkäse
	schienali	Rückenmark
	scottadito	kurz gegrillt
	sellero	Sellerie
	sfrizzoli	Grieben
	spezzatino	Gulasch
	spuntature di maiale	Schweinebrustrippchen
	stracciatella	Einlaufsuppe
	stracotto	Schmorbraten
	strozzapreti	spätzleähnliche Teigwaren
	stufato	geschmortes Rindfleisch
	supplì al telefono	Reiskroketten mit Käse
t	tagliata	Rindfleisch in Streifen geschnitten
	trippa	Kutteln
z	zampi	Kalbsfüße
	zuppa romana	römischer Biskuitkuchen

Register der Rezepte

Artischocken auf jüdische Art 29
Carciofi alla giudia

Artischocken auf römische Art 37
Carciofi alla romana

Feine Bandnudeln mit Steinpilzen und Crevetten 36
Tagliolini con i funghi porcini e i gamberetti

Bohnensuppe 103
Minestra di fagioli

Broccoli in Wein 101
Broccoli al vino

Eierbandnudeln mit Wildhase 100
Tagliatelle alla lepre

Fasan mit Oliven 82
Fagiano con le olive

Fritiertes Fleisch und Gemüse auf römische Art 88
Fritto misto romano

Garnelen im Tontopf 112
Mazzancolle al coccio

Gefüllte Kalbsfilettaschen 97
Fagottini della Briciola

Kalbsschnitzel nach römischer Art 59
Saltimbocca alla romana

Kleine Kalmare, gedünstet 113
Calamaretti affogati

Kaninchen auf römische Art 69
Coniglio alla romana

Kartoffel-Tomaten-Püree 25
Frittata di patate

Kastanienmus mit Schlagsahne 77
Monte Bianco

Kutteln auf römische Art 47
Trippa alla romana

Lamminnereien mit Artischocken 75
Coratella con i carciofi

Lammschulter mit Ei 19
Abbacchio brodettato

Nudel-Broccoli-Suppe mit Rochen 20
Pasta e broccoli in brodo d'arzilla

Frische Nudeln mit Käse und Pfeffer 66
Tonnarelli cacio e pepe

Nudelsuppe mit Kichererbsen 108
Pasta e ceci

Ochsenschwanzragout 74
Coda alla vaccinara

Gefüllte Oliven 48
Olive ascolane

Paprikahuhn nach römischer Art 60
Pollo alla romana

Ricottakuchen 91
Torta di ricotta

Rinderrouladen nach römischer Art 61
Involtini alla romana

Röhrennudeln mit Kalbsgekröse 81
Rigatoni con la pajata

Grüne Schmetterlingsnudeln 96
Farfalle in verde

Sommerspaghetti 54
Spaghetti alla Checca

Spaghetti mit Eiern und Speck 46
Spaghetti alla carbonara

Spaghetti mit Thunfisch und Steinpilzen 24
Spaghetti alla carrettiera

Spaghetti nach Art des Hauses 114
Spaghetti al Monumento

Stockfisch im Rohr 21
Baccalà in guazzetto

Taube in Weißweinsauce 107
Piccione alla leccarda

Teigwaren mit Steinpilzen und Venusmuscheln 41
Cavatelli con funghi porcini e vongole

Überbackene Vorspeise mit Mozzarella 89
Crostini con la provatura

Wildschweinbraten in Rotwein 55
Brasato di cinghiale al vino rosso

Zabaione mit Heidelbeeren und Zitrone 43
Zabaione con mirtilli e limone

Gefüllte Zucchiniblüten fritiert 28
Fiori di zucchini fritti

Adressen der Osterie

① **Sora Lella**
Via Ponte dei Quattro Capi, 16
Isola Tiberina
Roma
Telefon: 06/6861601
Sonntag geschlossen, Ferien: August

② **Checco er Carrettiere**
Via Benedetta, 10
Trastevere
Roma
Telefon: 06/5817018
Sonntagabend und Montag geschlossen,
Ferien: August

③ **Hostaria Fabrizio**
Via Santa Dorotea, 15
Roma-Trastevere
Telefon: 06/5806244
Mittwoch geschlossen, von Mai bis Oktober nur abends geöffnet, Ferien: 1.–15. September

④ **Hostaria Costanza**
Piazza Paradiso, 63/65
Roma
Telefon: 06/6861717 oder 68801002
Sonntag geschlossen, Ferien: August

⑤ **Da Giovanni ar Galletto**
Piazza Farnese, 102
Roma
Telefon: 06/6861714
Sonntag geschlossen, Ferien: 13.–21. August

⑥ **Settimio**
Via delle Colonnelle, 14
Roma
Telefon: 06/6789651
Sonntag und Montag geschlossen, Ferien: August

⑦ **Otello alla Concordia**
Via della Croce, 81
Roma
Telefon: 06/6791178 oder 6781454
Sonntag geschlossen, Ferien: Weihnachten 20 Tage

⑧ **Osteria dell'Angelo**
Via G. Bettolo, 24
Roma
Telefon: 06/3729470
Samstagmittag und Sonntag und an Feiertagen geschlossen
Ferien: August und zwischen Weihnachten und Neujahr

⑨ **Perilli**
Via Marmorata, 39
Testaccio
Roma
Telefon: 06/5742415
Mittwoch geschlossen, Ferien: August

⑩ **Pommidoro**
Piazza dei Sanniti, 44
San Lorenzo
Roma
Telefon: 06/4452692
Sonntag geschlossen, Ferien: August

⑪ **Cacciani**
Via Armando Diaz, 13
Frascati
Telefon: 06/9420378
Montag geschlossen, im Winter auch Sonntagabend
Ferien: Mitte bis Ende August

⑫ **La Briciola di Adriana**
Via G. d'Annunzio, 2
Grottaferrata
Telefon: 06/9459338
Sonntagabend und Montag geschlossen, Ferien: 14 Tage im August

⑬ **Lisa e Lisa**
Corso Vittorio Emanuele, 24
Nemi
Telefon: 06/9368461
Montag geschlossen
Ferien: Mitte August bis Mitte September

⑭ **Ristorante Antiche Terme di Diana**
Via dei Sosii, 6
Tivoli
Telefon: 0774/20239
Donnerstag geschlossen, Ferien: August

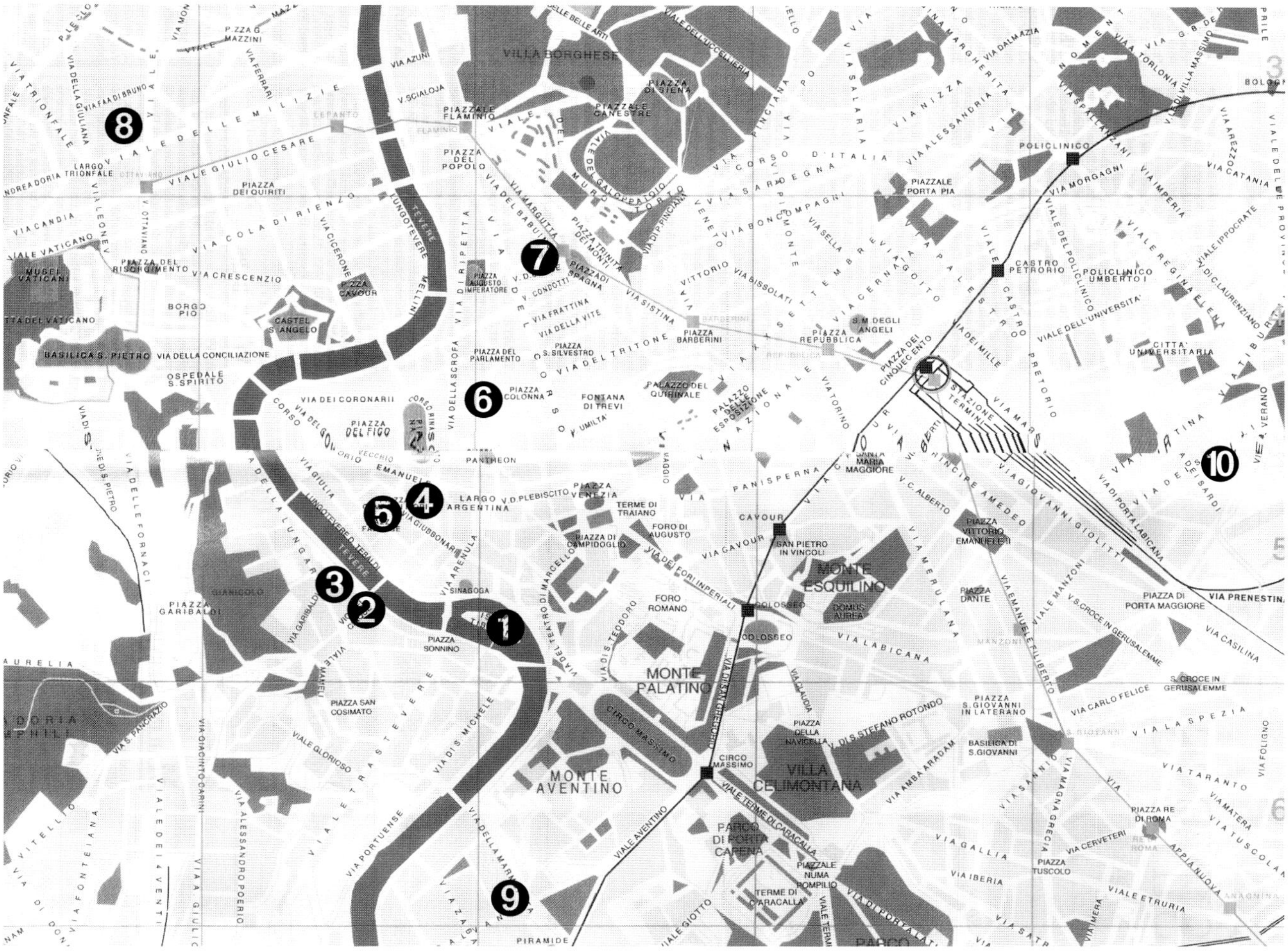

⑮ **Trattoria**
Al Monumento
Piazza Umberto I., 8
Ostia Antica
Telefon: 06/5650021
Montag geschlossen
Ferien: Mitte bis Ende August

Weitere Adressen

Enoteca Frascati
Via Armando Diaz, 42
Frascati
Telefon: 06/9417449

Enoteca Simposio
Piazza Cavour, 16
Roma
Telefon: 06/3211502
Samstagmittag und Sonntag geschlossen

Weingut
Villa Simone
Via Frascati Colonna, 29
Monte Porzio Catone
Telefon: 06/3213210

Weingut
Paola di Mauro
Via Colle Picchino di Marino, 46
Marino
Telefon: 06/93546329

Weingut
Fontana Candida
Via Vanvitelli, 20
Frascati
Telefon: 06/9420066

Literatur

Andreae, Bernard: Laokoon und die Gründung Roms, Mainz 1988

Bernardi, Giancarlo: Le antiche osterie di Roma, La Spezia 1989

Bigiaretti, Libero: Questa Roma, Roma 1981

Barth, Hans: Osteria, Venezia 1972

Carcopino, Jèrome: La vita quotidiana a Roma, Roma 1986

Clerici, Stefano: Roma ghiotta, Novara 1994

Goethe, Johann Wolfgang: Italienische Reise, hrsg. von Herbert von Einem, München 1981

Jannattoni, Livio: Osterie e feste romane, Roma 1991

Jannattoni, Livio: Roma intima e sconosciuta, Roma 1990

Jannattoni, Livio: Lazio rustico e sconosciuto, Roma 1990

Kytzler, Bernhard (Hrsg.): Rom als Idee, Darmstadt 1993

La cucina regionale italiana: Roma e il Lazio, La Spezia 1990

Maffioli, Giuseppe: Storia piacevole della gastronomia, Milano 1976

Peiler, Renate: Römische Küche, München 1990

Poeschel, Sabine und *Jansen, Dieter:* Rom, München 1993

Robert, Jean-Noel: I piaceri a Roma, Milano 1994

Vierneisel, Klaus (Hrsg.): Kunst der Schale, Kultur des Trinkens, München 1990

Weeber, Karl-Wilhelm: Die Weinkultur der Römer, Zürich 1993

Zanini De Vita, Oretta: Il Lazio a tavola, Roma 1994

Weitere Bücher zur italienischen Küche
im Heinrich Hugendubel Verlag

Birgit Müller, Christoph Mann
PASTA AL DENTE
Geschichte, Namen und Rezepte
Mit Bildern von Christoph Mann
136 Seiten, vierfarbig
Großformat, Leinen

Mara Paolini-Romeo
LA NOSTRA FIORENTINA
Von florentinischem Essen
und Trinken
Mit einer Einleitung von
Gottfried Knapp und
Zeichnungen von Heinz Birg
104 Seiten, vierfarbig
Großformat, Leinen

Gianni Brunelli,
Christoph M. Mann
OSTERIA LE LOGGE
Die Küche der Toskana
Mit einer Einführung von
Otto Schily und einem Liedtext
von Gianna Nannini
Aus dem Italienischen von
Hellmuth Zwecker
96 Seiten, vierfarbig
Großformat, Leinen

Hellmuth Zwecker
IL CAPPELLAIO PAZZO
Die toskanische Fischküche
Mit Rezepten von Denny Bruci
und Bildern von Lothar Wurm
92 Seiten, vierfarbig
Großformat, Leinen

Birgit Müller, Christoph Mann
ZUPPA DI ZUCCA
Die Küche des Piemont
Mit Fotos von Robert
F. Hammerstiel und Bildern von
Christoph Mann
109 Seiten, vierfarbig
Großformat, Leinen

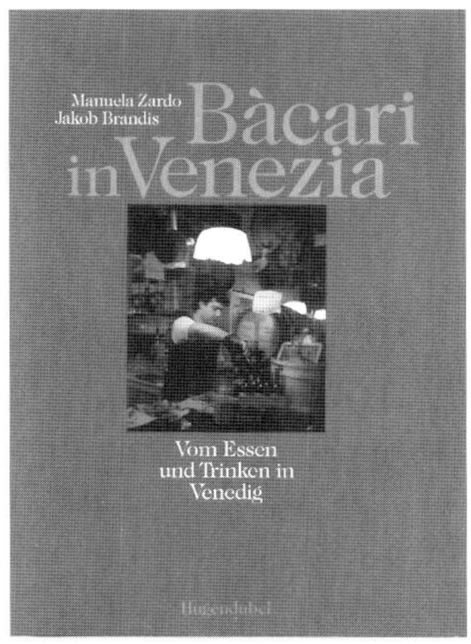

Manuela Zardo, Jakob Brandis
BACARI IN VENEZIA
Vom Essen und Trinken
in Venedig
Mit Fotos von Jakob Brandis
107 Seiten, vierfarbig
Großformat, Leinen

La Dolce Vita a Roma

Kommen Sie doch einfach mit!

Organisiert von
INCONTRI CULTURALI e.V.
Isabellastr. 24
80796 München
Telefon 089/2 71 65 60
Fax 089/2 71 31 16

Auch die Liebe zu Rom geht durch den Magen. Unsere Autoren verraten Ihnen in diesem Buch die schönsten Orte, um sich kulinarisch in die ewige Stadt zu verlieben. Um diese selbst life zu erleben und zusätzlich auch noch die Schmankerl aus Kunst und Kultur serviert zu bekommen, sollten Sie sich einem der »genüßlichen Streifzügen durch Rom« mit Manuela Zardo und Hellmuth Zwecker anschließen. Die beiden Rom-Kenner führen mehrmals pro Jahr ihre exklusive Gästeschar jeweils eine Woche lang zu den schönsten Plätzen der weit mehr als zweitausendjährigen süßen Lebensgeschichte Roms.